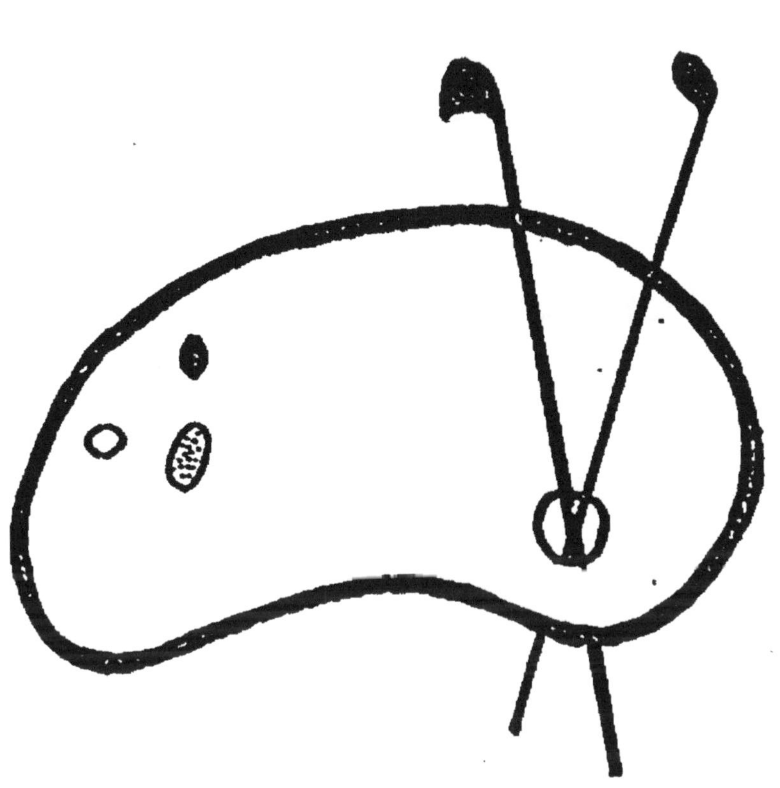

DEBUT D'UNE SERIE DE DOCUMENTS
EN COULEUR

JEAN REVEL

AICTS ET DICTS NORMANDS

ROUEN
IMPRIMERIE LECERF FILS
1912

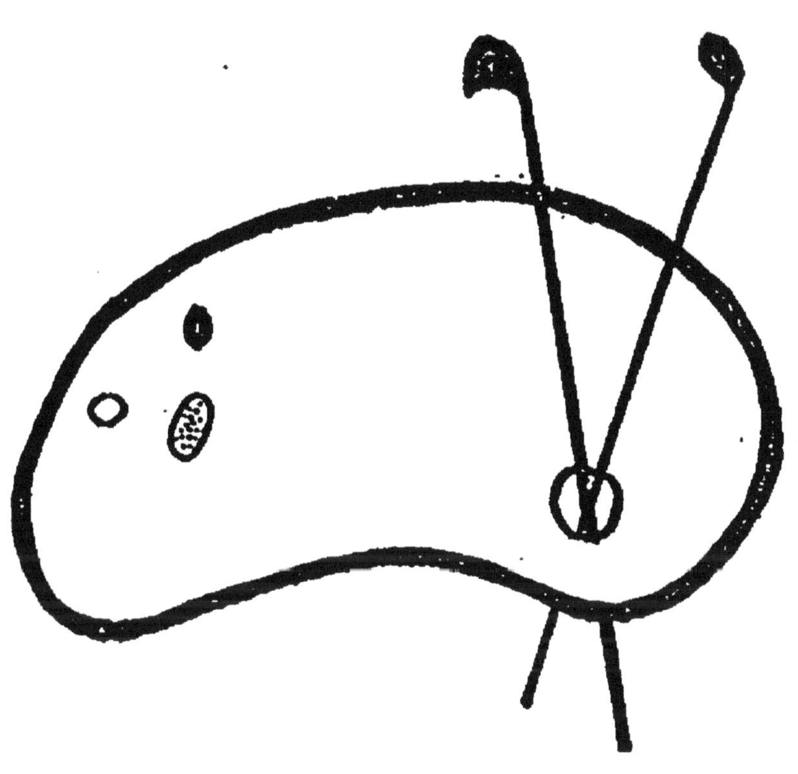

FIN D'UNE SERIE DE DOCUMENTS
EN COULEUR

FAICTS ET DICTS

NORMANDS

JEAN REVEL

FAICTS ET DICTS NORMANDS

ROUEN
IMPRIMERIE LECERF FILS
1912

A la noble Ville de Rouen, dont je suis le fils adoptif, je dédie, avec reconnaissance, ces pages issues d'Elle.

A FLAUBERT

POUR LE PAVILLON DE CROISSET

L'INAUGURATION

LA STATUE — SUR FLAUBERT

POUR LE PAVILLON DE CROISSET

APPEL AUX ROUENNAIS

(25 novembre 1904.)

Messieurs,

On a dit que les grandes nations se reconnaissent au culte qu'elles professent pour leurs grands hommes.

L'occasion se présente de savoir si — ou plutôt de démontrer que — Rouen est une grande ville et la Normandie un pays.

On peut actuellement, mais il y a urgence extrême, préserver de la démolition et de l'oubli ce qui reste à Croisset de l'habitation de notre Gustave Flaubert.

Il s'agit :

1° Du pavillon isolé où notre compatriote écrivit, ou tout au moins rêva, une partie de ses chefs-d'œuvre ;

2° De la rangée de tilleuls survivance de l'allée célèbre où, la page finie, cet artiste ès-langue française déclamait en plein vent les phrases qu'il avait si savamment construites. Là, seulement, il les éprouvait : harmonieuses, elles pouvaient vivre; mal venues, elles devaient disparaître.

Ces deux endroits : le réduit de la méditation, le champ de l'essai, ne méritent-ils point d'être signalés à la postérité ? N'ont-ils pas la double valeur d'un souvenir et d'un exemple ?

Flaubert est une célébrité normande et une gloire française, au même titre que Corneille.

Par l'un comme par l'autre, Normandie et France figurent au premier rang de la renaissance classique d'abord, du renouveau romantique et naturaliste ensuite.

Ces deux initiateurs furent, du premier coup et d'un seul jet, des triomphateurs. Non seulement ils indiquèrent la voie, mais ils l'ouvrirent et parvinrent au point culminant, au but sublime.

Ils ne furent pas seulement devanciers, précurseurs : ils furent des maîtres qu'on imitera sans les surpasser ni les égaler jamais.

Voilà pourquoi leur œuvre ne vieillit pas : ayant réalisé la perfection, elle ne connaîtra pas la décrépitude. *Le Cid*, *Salammbô* ne passeront pas.

Ces gloires, Corneille et Flaubert, Rouen les revendique toutes deux et doit les honorer ensemble. Les deux demeures comme les deux œuvres doivent entrer dans notre patrimoine normand.

Nous avons déjà, dans la banlieue de Rouen, la

maison de Corneille : nous y joindrons le pavillon de Flaubert. On ira de l'un à l'autre dans un même pèlerinage. Des mains pieuses pourront cueillir une rose à Petit-Couronne, une fleur de pommier dans le verger de Croisset. Devant la vieille Métropole provinciale, ce bouquet attestera l'éternelle jeunesse, la pérennité des deux génies qui furent ses enfants.

Comment, pratiquement, mettrons-nous en œuvre notre projet ? Voici :

Nous voulons racheter le pavillon, le réparer, le meubler de souvenirs (manuscrits, lettres, portraits, médailles, livres), objets ayant appartenu à cet écrivain dont la mort mit en deuil les Lettres françaises.

Ainsi remplie, la maison ne sera pas morte; elle demeurera palpitante de vie, ressuscitée par l'Esprit immortel.

Ce n'est pas tout : nous voulons aussi acheter une petite parcelle de la propriété dans le sens de la profondeur, jusqu'au mur sur la côte. De là nous embrasserons la vue qui lui fut familière, le cadre de ses idées, le large panorama qu'il affectionna, la Seine qu'il appelait « Le fleuve plus doux ».

Il n'est pas sans intérêt de regarder le paysage qui inspira ou consola un grand homme. Dans le pays qu'il contempla, ne retrouve-t-on pas une partie de son âme ?

Alors, qu'aurons-nous obtenu ? Un simple lambeau de l'ancienne propriété : je le sais bien.

Qu'importe ! La valeur émotionnelle des choses

n'est pas liée à leur « état de neuf » : la vénération n'est pas une question *d'état de lieux*. Ce lambeau représente tout ce à quoi il a survécu. Artistes, philosophes, historiens, s'enthousiasment même pour des ruines ou des œuvres inachevées. Les décombres de Karnak sont sacrées : le Parthénon est une vision tragique ; la Vénus de Milo apparaît toujours belle, bien que mutilée ; les fragments de tel opéra incomplet font pleurer les sensitifs.

Trouverons-nous les quelque 20,000 francs nécessaires à l'entreprise ? Je l'espère.

Flaubert compte, à Paris et dans le monde entier, tant d'admirateurs, qu'une souscription à large publicité réussirait vite.

Mais il nous plaît que l'œuvre soit tout d'abord normande et rouennaise. C'est pourquoi vous êtes ici, Messieurs, mes chers amis.

La Presse de Rouen s'est fait représenter : je l'en remercie. Elle suffira, sans que nous ayons besoin de demander l'hospitalité aux journaux de Paris — qui nous ouvriraient leurs colonnes, j'en suis sûr, avec enthousiasme.

Rouen *fara da se.* Et ce sera bien ainsi. N'avons-nous pas une petite réponse à faire au grand artiste nerveux qui nous invectiva quelquefois ?

Flaubert vivant méconnut ses compatriotes ; je veux dire qu'il les connut insuffisamment. Enfin, sa mémoire recevra notre justification. Tout sera oublié, au seuil de l'humble maison qui va devenir un temple.

Et, puisque le conflit est venu à propos de Bouilhet, nous demanderons à ce dernier sa collaboration pour l'hommage posthume que nous voulons rendre à Flaubert.

Le Théâtre-des-Arts, en une soirée de gala, jouera, au bénéfice de l'œuvre, la *Conjuration d'Amboise* ou *Mademoiselle Aïssé.*

La salle sera comble. Rouen fêtera généreusement ses deux fils : elle acclamera l'un en pensant à l'autre.

Alors, ce jour-là, le spectacle sera dans la salle autant que sur la scène. C'est pourquoi nous doublerons le prix des places.

En attendant le triomphe de cette soirée, nous ouvrirons une souscription.

Je crois fermement qu'à cette souscription figureront non seulement les écrivains, l'Académie, l'Université, les Sociétés savantes, mais aussi tout le monde des affaires, la bourgeoisie, celle qui constitua toujours et constitue encore la force active de notre capitale.

Nous démontrerons que Rouen est non seulement une cité industrielle, maritime et commerciale, mais aussi une ville artiste. Elle a donné et donne le jour à des négociants qui sont des lettrés, à des armateurs, hommes d'entreprise, qui se laissent gagner par l'enthousiasme désintéressé, à des riches qui gardent le culte du beau, le sens des nobles choses, qui n'ont pas déserté l'idéal et qui prennent Mécène pour modèle.

C'est là sa caractéristique, sa gloire séculaire. Chez nous, cheminées d'usines et mâts de navires voisinent fort bien avec flèches de cathédrale, pignons de palais, toits gothiques.

Maintenant, je laisse la parole à Flaubert, en citant deux passages de *Par les champs et par les grèves.*

Il est sur le Nil...

« *J'ai quelque part, écrit-il, une maison blanche dont les volets sont fermés, maintenant que je n'y suis plus... J'ai laissé le grand mur tapissé de roses et le pavillon au bord de l'eau. Une touffe de chèvrefeuille pousse en dehors, sur le balcon de fer. A une heure du matin, en juillet, par le clair de la lune, il y fait bon venir voir pêcher les caluyots.* »

A une autre époque de sa vie, il visite la chambre où Chateaubriand vécut enfant. Sous le coup de l'émotion, Flaubert écrit :

« *Rien ne dira les gestations de l'idée ou les tressaillements que font subir à ceux qui les portent les grandes œuvres futures ; mais on s'éprend à voir les lieux où nous savons qu'elles furent conçues, vécues, comme s'ils avaient gardé quelque chose de l'idéal inconnu qui vibra jadis.* »

Le « pavillon au bord de l'eau » fut un lieu de recueillement pour Flaubert enfant, à l'aurore de son génie.

Sa bibliothèque de jeune homme fut placée là. C'est là que dans les premiers frissons de son imagination grandissante, il vit passer les figures charmantes auxquelles, plus tard, il donna la vie.

Ne serons-nous pas dans le vrai si, au frontispice du pavillon restauré, nous gravons ces mots : « Ici naquit *Salammbô.* »

Donc, si Rouen le veut, nous garderons le petit logis, comme un reliquaire.

Le balcon de fer est en Russie, paraît-il, conservé par quelque fervent disciple du maître. Nous le scellerons à nouveau. Et sur lui refleuriront les roses et le chèvrefeuille.

L'INAUGURATION

(17 juin 1906.)

Messieurs,

Lorsque, le 25 novembre 1904, quelques hommes de bonne volonté et de solide dévouement décidèrent qu'on ne démolirait pas le Pavillon Flaubert, mais qu'au contraire, il serait restauré, et que, devenu propriété de la Ville, il serait transformé en un temple littéraire consacré au souvenir de notre glorieux compatriote, il y eut des sceptiques qui murmuraient :

« On ne réussira pas. » — « Il faudra trop d'argent. » — « L'époque est mal choisie. » — « Il y a si longtemps que Flaubert est mort ! » — Il a irrévérencieusement parlé des Rouennais en général et des Conseillers municipaux en particulier. »

Avec ces contradicteurs, nous n'avons engagé aucune polémique : « Nous leur répondrons, pensions-nous, le jour de l'inauguration. » Effectivement, cette inauguration devait être, par elle-même, la meilleure des justifications, la plus éloquente des ripostes.

Or, voici... Nous pensons maintenant qu'il sied d'avoir le triomphe modeste. En ce jour de joie, nous ne voulons contrister personne.

Disons seulement aux abstentionnistes, aux retardataires, aux distraits : « Nous avons combattu le bon combat de l'art et vous n'y étiez pas ! »

Il y eut aussi, à ce début d'entreprise, des gens pratiques qui s'étonnèrent. Et ils dirent :

» Singulier projet, vraiment ! Pourquoi s'occuper de pareille inutilité ? Racheter ce méchant chalet, à quoi bon ? »

Hommes de peu d'idéal ! A quoi bon ? dites-vous. Savez-vous pourquoi les Anglais ont réédifié la maison de Shakspeare, et conservé celle de Dickens ? — pourquoi les Italiens vénèrent la demeure de Dante ? — pourquoi les Allemands visitent pieusement celles de Gœthe et de Schiller ? pourquoi les Français honorent l'humble masure de Petit-Couronne ?

Parce qu'une nation qui a le sens de sa continuité et la compréhension de sa force doit entretenir chez soi le culte des grands hommes, et parce que toutes ces maisons éparses sur le sol de la vieille Europe forment les pierres où s'appuie la Demeure immatérielle de l'Esprit.

» Cette « Demeure », disent les âmes de doute, nous ne la voyons pas ; où est votre illusoire Panthéon ? »

Eh bien ! sachez que, pour les intuitifs, le rêve,

l'imagination, la poésie, la pensée, représentent la plus haute des réalités, la plus salutaire des certitudes, la plus infrangible des assises pour l'Etre vivant et conscient.

Sommes-nous seuls à proclamer ces belles choses-là ? Il faut croire que non, puisque se relèvent un peu partout ces loits évocateurs de gloire pour la grande Famille humaine.

Cette propriété de Croisset méritait, du reste, à plus d'un titre, de survivre à la destruction.

Flaubert lui-même n'a-t-il pas maintes fois affirmé qu'elle abrita Pascal et l'abbé Prévost ? Ce petit édicule ne fut-il pas un lieu de repos et de méditation pour le grand artiste que nous fêtons aujourd'hui, ce fervent qui professait le culte de la « phrase écrite »? N'est-ce pas dans cette allée de tilleuls que la « phrase écrite » devenait un verbe sonore et harmonieux ? N'est-ce point sous cette voûte que les images et les idées reçurent de leur créateur la forme parfaite, le vêtement d'immortalité?

Maupassant n'a-t-il pas écrit, dans la salle même du Pavillon, une de ses œuvres — devenues chefs-d'œuvre sous la maîtrise d'un critique à la fois rigide et paternel?

Le sol où nous sommes n'a-t-il pas été foulé par George Sand, Tourgueneff, les deux Goncourt, Du Camp, Daudet, Bouilhet, Zola, etc..., et tant d'autres disciples du maître ?

C'est bien ici un Domaine historique, un endroit

consacré. C'eût été grande pitié et grand regret pour nous que de le livrer à la pioche des démolisseurs.

Des ruines, il n'y en aura plus, ici. Par contre, autour de vous, regardez !... Les colossales bâtisses industrielles qui écrasèrent la maison de l'écrivain sont des loques, maintenant, un monceau de décombres... Et je sais qu'elles vont disparaître, qu'elles seront balayées.

Image tragique... Leçon de choses ! N'est-il pas hautement significatif que l'humble toit sauvé par nous surnage seul au milieu de l'océan de briques ? Il proclame la survivance de l'idéale Cité parmi les choses périssables et les murs qui s'écroulent. Comme au navire légendaire, armoiries de Lutèce, on peut appliquer à notre Pavillon la fière devise : « *Fluctuat nec mergitur.* »

Et n'est-ce pas que son exiguïté même le rend plus impressionnant, par opposition aux énormes chantiers, aux usines gigantesques, aux colosses marins qui passent, à cette magnifique nappe d'eau ? M'est-il permis d'ajouter que cette nudité, cette charmante simplicité ne sont point sans orgueil ?

Messieurs, ici même, un jour, Flaubert écrivait la poétique méditation que voici : « *Comme il fait beau, ce soir ! Comme tout repose ! Je n'entends que le battement de ma pendule et à peine le bruit de l'air qui passe dans les arbres. La rivière brille sous la lune ; les îles sont noires ; le gazon vert émeraude. Tu peux venir ici, mon héroïne ; c'est par une nuit semblable qu'il ferait bon te recevoir. Sais-tu que ce serait royal et magnifiquement beau?* »

Fervent de l'absolue beauté, il aimait cet incomparable paysage qui est nôtre. Et si Croisset fut son séjour de prédilection, c'est parce que la Seine était là.

Nos rives admirables, il les adorait; avec elles il était harmonique. Nous l'avons vu, ce riverain, silhouette puissante, tête en arrière, moustaches tombantes, réminiscence des Francs ripuaires.

Flaubert se montra toujours très épris de ce Fleuve, — national par excellence, puisque, trinité de rivières, il commence et finit sur terre française — après avoir étendu sur le sol des aïeux sa multiple ramure, arbre géologique, empreinte, épure, que dessinent toujours les Eaux, les Fluides, les Sèves, la Force.

Existe-t-il, au surplus, un fleuve comparable à celui-ci?

Avec sa population de navires, avec ses vols d'oiseaux, avec le jeu alternatif des flux et des jusants, avec les météores du Ciel qui lui font à chaque instant parure nouvelle, la Seine constitue, pour l'artiste, un spectacle sans cesse renouvelé, récréatif toujours.

Et, pour le penseur, elle est une inépuisable source d'inspirations. En cette vaste coulée d'onde, contemplez, en effet, la mobilité des choses, la fluidité des vaguelettes, qui n'auront qu'un instant et ne reviendront plus. Et cette fragilité, cette fuite des formes éphémères, opposez-les à la permanence du Beau, à la fixité de l'Etre, fils du souffle divin. Un Fleuve qui passe, l'Humanité qui vit, n'est-ce point même chose !

Flaubert comprit et sentit tout cela. Voilà pourquoi la Seine fut sa compagne familière, sa consolatrice, la Berceuse de sa souffrance, son repos après la si dure besogne du jour et les rêves enfiévrés de la nuit...

A ce rivage séquanièn qui, depuis sa source jusqu'à l'Atlantique, représente tant de gloire, voici que nous ajoutons un ornement de plus.

Et alors, vraiment, sans vanité, ne peut-on se demander quel pays possède une pareille voie fluviale, et sur la mer un pertuis plus beau ?

Le voyageur qui, sur un long-courrier, pénètre dans la « *Tant doulce France* », vient de franchir l'estuaire, longeant de hauts promontoires, Propylées que sculpta l'Océan.

Il a contemplé, au passage, à droite, l'incomparable suite de stations balnéaires qui fleurissent sur la côte d'émeraude — à gauche, un des plus grands ports du monde moderne.

Il a salué les antiques cités de Honfleur et de Harfleur, illustres dans les fastes de notre marine.

Il a passé devant Kilboë, l'ancrage des Vikings, et devant Lillebonne, où se réunissent les souvenirs du César romain et du Conquérant normand.

Il a vu Villequier où chanta la douleur d'un Victor Hugo. Le pilote lui a désigné ce petit cimetière où dort Vacquerie, où reposent les enfants du poète.

Il a scruté l'ombre de Brothonne, forêt domaniale, survivance sylvestre de célèbres drames historiques.

Caudebec lui a rappelé Calidu, dernière citadelle des héros gaulois, nos aïeux.

Jumièges et ses hautes tours profilées dans les arbres, les arceaux de Saint-Wandrille, la vallée de Boscherville, ont évoqué devant lui la puissante vie du Moyen-Age.

Il a demandé quel fait commémore la colonne de Val-de-la-Haye. On lui a répondu : « C'est là que le » cercueil d'un grand mort toucha la rive de la » Seine... Dernier frisson de l'Epopée qui venait de » renouveler l'Europe au nom de la France. »

Un peu plus loin, on lui a signalé Château-Robert, où, en 1870, l'élan désespéré des nôtres triompha un jour de l'envahisseur. Et ce triomphe d'un jour, oublié parmi les défaites, semble une petite feuille de laurier qu'étouffent les cyprès du deuil national.

Il a reconnu Petit-Couronne où notre piété garde le souvenir du Tragique, de ce colosse dont il semble que la gloire grandit de siècle en siècle, avec le recul des années — tout de même que la grande Pyramide paraît plus haute à mesure qu'on s'en éloigne !

Il saluera maintenant le Pavillon illustré par un des plus purs artistes de la langue française.

C'est de là qu'il apercevra Rouen, ville du passé, ville de l'avenir — Rouen, avec ses cathédrales, ses palais, ses mâts de navires, ses quais tumultueux, ses cheminées d'usines, son altier Transbordeur, — Rouen, cité forte où vivent, côte à côte, sans se nuire jamais, ni se submerger, la vie pratique et les choses de l'idéal.

« *Via sacra* », c'est ainsi que les Romains appelèrent l'allée triomphale où figuraient leurs plus précieux souvenirs nationaux.

Eh bien ! la Seine est notre « Voie sacrée »; mais, sur ses bords, il n'y a pas que des tombeaux. Cette « voie qui marche » est vivante, chargée d'espérances autant que de souvenirs.

Et alors, voici : parmi les noms qui s'inscrivent à la *Via sacra*, un seul manque, le plus beau...

... Quand verrons-nous, là-haut, sur l'avancée de Bonsecours, le bûcher de Jeanne ?

Puisque la bonne Paysanne fut brûlée à Rouen, puisque ses cendres furent jetées dans la Seine, ne convient-il pas — juste réparation — que l'Héroïne domine le fleuve et la ville, en ce geste d'holocauste qui constitue l'un des plus augustes spectacles de l'Histoire universelle ?

Oui, cette silhouette est absente, là-bas ! Et quand, enfin, elle apparaîtra, on pourra dire que le monde antique et nouveau n'offre rien de comparable à la puissante route fluviale qui sert de vestibule à Rouen, à Paris, à la France.

Messieurs... Le Maire de cette noble ville de Rouen est ici. C'est donc à lui que je dois tout d'abord adresser mes remerciements.

Avec son libéralisme éclairé et sa très haute intelligence, il fut le premier à encourager notre initiative. Et, dès lors qu'il accepte le Pavillon Flaubert pour l'incorporer au domaine communal, c'est donc qu'il est d'accord avec nous sur la précieuse Dualité foncière qui fait de Rouen une ville artiste et intellectuelle autant qu'industrielle et maritime.

Grâces vous soient rendues, Monsieur le Maire. Et voyez! Au début, nous n'avions d'autre ambition que de vous offrir un modeste Musée; or, les concours obtenus ayant dépassé nos espérances, nous avons exécuté plus que nos promesses. Le Pavillon sera environné d'un parc où nos compatriotes viendront en famille se reposer, lire, jouir de l'existence. Alors, les dimanches et jours de fête, quand l'allée des tilleuls retentira du rire frais des enfants, j'imagine que l'âme de Flaubert sera dans la joie — car ce géant de Lettres fut sensible et bon.

La tendresse de ce cœur paternel, Flaubert la concentra sur sa nièce, sa fille intellectuelle, sa chère Caro. Ma pensée va de suite vers elle. Mme Franklin-Grout garde, pour la mémoire de son oncle, un culte filial, et elle suit avec sollicitude toutes les manifestations de sa gloire. Dès le début, elle est venue à nous, encourageant l'hommage que nous voulions rendre à son cher défunt ; non seulement elle a tenu à honneur de figurer sur la liste de souscriptions au même rang et pour le même chiffre que la Ville de Rouen, mais elle nous a fait des dons inestimables pour meubler notre petit musée. L'objet le plus précieux entre tous était la table de travail.

Dans une étude fort curieuse que Maupassant a écrite sur Flaubert, je lis ceci :

« Un jour enfin, il tomba foudroyé contre le pied » de sa table de travail, tué par la Littérature, tué » comme tous les grands passionnés que dévore » toujours leur passion. »

Cette table historique, elle réintègre le Pavillon, et nous ne pouvons la contempler sans respect ni la toucher sans attendrissement.

Nous possédons aussi son fauteuil, son encrier, ses plumes, ses manuscrits. Tout cela, nous le devons à la générosité de Mme Franklin-Grout. Au remerciement que je lui dois, à l'hommage respectueux que je lui adresse, je désire associer le docteur Franklin-Grout, un Rouennais qui, parmi nous, compte tant d'amis.

M. le Secrétaire général veut manifester, par sa présence ici, que l'Administration départementale et le Gouvernement de la République ne se désintéressent jamais de tout ce qui concerne l'art et la tradition dans notre province normande.

J'adresse à M. le Président du Conseil général

l'hommage de notre respectueuse reconnaissance pour l'importante souscription dont nous a gratifiés l'Assemblée départementale.

Merci à M. le Maire de Croisset-Canteleu et à ses honorables Conseillers municipaux qui, s'étant associés à nous par leur générosité, achèvent de démontrer, par leur présence ici, qu'ils approuvent notre œuvre, dans son inspiration comme dans sa conclusion.

Nos hommages sont dus également aux plus forts souscripteurs, MM. Védrine et Aubry, qui nous ont offert un don du joyeux avénement à l'occasion de leur arrivée dans cette commune même, où ils apportent des industries nouvelles. Par eux, l'usine répare le dommage qu'avait fait l'usine.

Merci aux amis de Flaubert, à Mme Lapierre, à M. Houzeau, à M. le docteur Pennetier, qui enrichissent notre Musée de dons précieux et qui ont promis de l'enrichir encore.

Je n'aurai garde d'oublier tous ces admirables peintres, sculpteurs, graveurs français et étrangers qui nous ont gratuitement envoyé leurs œuvres. En répondant à notre appel, ils ont voulu collaborer à la gloire d'un pur artiste des Lettres, d'un puissant ouvrier du style. Ils ont montré que le pinceau, le burin, l'ébauchoir, le ciseau et la plume sont, au même titre, chez nous, les outils de l'Idéal, et qu'ils se doivent mutuelle assistance. Leur exemple a hautement témoigné qu'il existe, en notre Athènes moderne, une solidarité dans le talent, une fraternité dans le génie.

Et il nous a paru que l'ombre de Flaubert recevrait avec joie l'hommage de ses pairs.

Il y a des artistes dans toutes les branches de l'activité française. Regardez ce jardin : il est l'œuvre d'un artiste aussi, l'un des nôtres, homme de cœur et de goût raffiné. François Depeaux se met toujours et tout de suite au travail, dès qu'il s'agit de la ville natale qu'il aime passionnément.

Voilà pourquoi, d'un informe terrain, couvert de broussailles et de décombres, il a fait cette chose charmante. A cette création qui est bien sienne, il s'est ardemment consacré quand il a su que le parc Flaubert doit faire partie du domaine communal. Un remerciement du Maire de Rouen suffira à le payer de sa peine.

A pareille inspiration ont obéi M. Paul Monflier et M. Fauquet, dans leurs travaux de restauration et de construction. Eux aussi ont travaillé généreusement pour la grande Cité dont ils sont les enfants. Ils n'ambitionnent pas d'autre récompense que la satisfaction de leurs concitoyens.

Ce serait de l'ingratitude que d'oublier les équipes de travailleurs et d'ouvriers qui nous donnèrent le secours de leurs bras. Ces modestes et dévoués collaborateurs ont été à la peine. Voulant les voir à l'honneur, je les ai invités, pour qu'ils reçoivent devant vous, Monsieur le Maire, notre remerciement.

Je termine par un affectueux salut à M. Gaston Le Breton, qui, dans l'aménagement du Musée, a prouvé une fois de plus la sûreté de son érudition et son dévouement éclairé aux choses de l'art.

Vous le voyez, Monsieur le Maire, tous mes amis, vos compatriotes, ont poursuivi et atteint ce double but : la gloire de Flaubert, l'hommage à Rouen. Et si je termine en disant que la terre du jardin lui-même est rouennaise, puisqu'elle vient du boulevard de Croisset, je pourrai conclure en disant : c'est très légitimement, et à plusieurs titres, que vous êtes ici chez vous.

Au nom de tous nos souscripteurs, de tous nos amis, dont j'exécute ici le vœu unanime, j'ai le très grand honneur de remettre à la Ville le Pavillon Flaubert.

UNE STATUE

(Décembre 1906.)

Un Comité s'est formé, à Paris, dans le but d'offrir à la Ville de Rouen une statue de Flaubert. Fort bien.

Le 17 juin dernier, le Pavillon de Croisset — racheté par souscription publique — fut solennellement remis à la Ville. Bernstamm était présent : aux acclamations qui saluèrent son nom, aux paroles que lui adressa le Maire, l'éminent artiste put deviner avec quel enthousiasme notre population saluerait l'apparition de son chef-d'œuvre sur une des places de la vieille Métropole, gardienne des gloires normandes.

Ici, Flaubert n'est représenté que par un petit médaillon, à côté du buste de Maupassant, non loin de celui de Bouilhet ; ce n'est pas assez. Corneille, Boieldieu, Poussin, Anguier, ont des statues. Donc, une place est vide...

Elargissons notre pensée ; beaucoup d'autres places sont vides. L'heure est venue où la Capitale de notre province doit appeler à elle, ressusciter en elle, tous ses fils illustres — bien plus... tous les Normands...

Et c'est pourquoi nous voulons saluer au passage :

Les conquérants : *Roll, Guillaume, Guiscard ;*

Les navigateurs : *Jehan Cousin* (qui découvrit l'Amérique avant Colomb), *Cavelier de la Salle, Jean de Béthencourt, Jean Ango, Cauche, Parmentier, Binot-Paulmier, Doublet*, etc. ;

Les artistes : *Poussin, Jouvenet, Géricault, Hyacinthe Langlois, Millet ;*

Les céramistes, qui créèrent l'inimitable « Vieux Rouen » : *Abaquesne*, les *Poterat, Guillibaud ;*

Les architectes et sculpteurs : *Roulland le Roux* (qui donna les plans de la cathédrale), *Jean Goujon* (qui fouilla les merveilleuses portes de Saint-Maclou). Je ne parle pas des autres, de tant d'artistes ignorés qui, de toute leur âme, collaborèrent à l'édification des églises ; ils sont ensevelis, ceux-là, dans leurs œuvres. . je veux dire qu'ils y vivent.

Oublierons-nous *Alain Blanchard, Fontenelle, Saint-Amand, Laplace ?*

Passerons-nous sous silence les contemporains, par exemple ce très modeste ingénieur-mécanicien de la Compagnie de l'Ouest, *Martin* (qui découvrit le frein nommé Westinghouse par les pillards anglo-saxons) ? Et encore cet autre, le chimiste Pouchet, qui fut l'émule d'un Pasteur ?...

Je pourrais continuer...

Quelle pléiade, en cet incomparable cadre formé

par la « Ville Musée », la « Ville aux cent clochers », comme a dit un poète !

Alors, le jardin Solférino rappellerait le Céramique d'Athènes, un Céramique où les aïeux seraient, non point couchés dans les sépulcres, mais représentés debout, parmi les vivants, effigies victorieuses de la mort.

Ce n'est pas tout : face à l'Hôtel-de-Ville, au seuil de la Maison commune, pourquoi ne pas élever un monument d'ensemble, allégorique, pour la collectivité des inconnus, des âmes éminentes, de héros anonymes ?

Ce n'est pas tout encore Là-haut, sur la côte Sainte-Catherine, il me plairait voir Jeanne d'Arc.

Elle est nôtre, aussi, la pure héroïne ; elle l'est par sa mort. Chez nous, elle exhala son dernier soupir, sublimant sa vie dans le geste d'holocauste. Pour la postérité, un être demeure celui qu'il fut, à l'instant suprême de l'epphêta. La mort affirme le jugement d'une vie .. Et le supplice est un des sceaux du Destin.

Mais Jeanne pourrait être ailleurs aussi, à Domrémy, à Vaucouleurs, à Chinon, à Orléans, à Reims ; elle devrait être partout, la vierge lorraine, partout où la leçon de sa vie peut être évoquée et invoquée.

Oui, en vérité, élargissons encore notre pensée ; il ne s'agit déjà plus du seul Rouen. Chaque ville de France devrait célébrer ses fils illustres, glorifier les Mânes. Par milliers, alors, les stèles surgiraient, végétation de gloire.

Des statues, j'en voudrais voir partout, à tous les horizons de cette France si riche de vertu, de bonté — si riche, quoi qu'on en dise, quoi qu'elle en dise elle-même, en le tumulte de son existence tragique.

Eh bien ! au fait, puisque notre race, outrancière de sincérité, se dénigre elle-même, je dis que le passé constituera un correctif à ce travers généreux.

Contemptrice de sa vie présente, la France devrait toujours pouvoir saluer de fières statues qui porteraient témoignage aux ancêtres.

Autour de nous, clament ou geignent les prophètes de la désespérance.

Parce que, chez nous, les vivants s'invectivent, luttent, tout serait perdu ! Allons donc ! Tumulte de la vie, loi de la vie simplement.

Plus haut les regards, je vous prie... plus loin...

Voyez les grands Morts ; ils furent, eux aussi, dans l'angoisse, l'acharnement, l'effervescence des passions ; or, en succombant, ils purent murmurer le *non omnis moriar*. Contemplez-les, érigés de nouveau, symboliquement ressuscités par l'esprit, pour la parcelle de vérité qu'ils incarnèrent.

Pétrifiés en un geste qui les résume, ils attestent la pérennité de l'Idéal. Théorie de silhouettes, ils sont le souvenir, le réconfort, la réconciliation. Personnages hiératiques, survivance des meilleurs, ils proclament que notre France est une Ame immortelle en des corps périssables.

Ces statues, ces statures, saluons-les ; elles représentent les images, les icônes d'un culte qui ne devrait point avoir d'impie : la religion de la Patrie.

Chaque nom gravé au piédestal mérite notre amour, notre vénération ; il est une part de l'Esprit divin. En ce sens, l'Antiquité disait : *Nomina, numina.*

Et si nos fils doivent ressentir les atteintes du pessimisme, s'ils doivent connaître le doute déprimant, la terreur des grands problèmes, l'angoisse de catastrophes entrevues, ils viendront se fortifier, s'extasier, parmi le peuple blanc des statues. L'auguste assemblée, Panthéon évocateur, les enchantera.

Ils iront en ces Champs-Elysées qu'habitent les albes Formes. Ils parcourront ces places fleuries de grands hommes, de surhommes.

Vers tant de faces exaltantes, ils lèveront les yeux.

Et, de même, leur âme s'élèvera.

SUR FLAUBERT

Un homme éminent n'est tel que dans les limites où ses racines plongent sous l'humus ancestral, dans la mesure où il incarne les propriétés d'une race. Or, Flaubert est représentatif d'une forte collectivité provinciale : il personnifie excellemment les qualités du Normand.

A travers l'histoire, elles sont permanentes, ces qualités, et toujours reconnaissables, depuis le héros des sagas jusqu'à l'artiste moderne, en passant par le viking, le conquistador, le trouvère.

Elles éclatent en l'âme de Flaubert, comme dans celles de Corneille et de Barbey d'Aurévilly.

Ne fut-il pas au suprême degré enthousiaste et lyrique, notre chantre de *Salammbô*, d'*Hérodias*, de *Saint Julien l'Hospitalier*, de *la Tentation*?

N'eut-il pas le sens du vrai, du positif, du document observé, l'auteur de *Madame Bovary ?*

Et, dans ces compositions au premier abord déconcertantes, *l'Education sentimentale*, *Bouvard et Pécuchet*, *le Candidat*, considérez avec quelle vigoureuse âpreté se manifestent la haine du mensonge et du snobisme, le mépris pour la sottise, le poncif, le verbiage.

« De chez nous », tout cela.

Et le style de cet incomparable artiste, voulez-vous en pénétrer le secret ? Acceptant que « le style c'est l'homme », demandez-vous ce que fut Flaubert.

Tout d'abord, dégagez la psychologie du Normand.

Le Normand garde le goût passionné des choses claires, exactes. Il évite l'à peu près, le quelconque, le « flou ». Individualiste dans le verbe comme dans la vie, il a le culte « du mot mis en sa place », ainsi que l'enseigna Malherbe (un des nôtres, s'il vous plaît).

Ce trait de caractère, cette intransigeance, s'affirment par tous les actes du Normand ; on le dit processif acharné ; il l'est, certes, mais simplement parce qu'il tient à savoir où est *le sien*, où est *le tien*. Il pratique le « quant à soi », parce qu'il aime le « chacun chez soi ». Il prétend à son bien matériel, tout de même qu'à son home intellectuel.

Appliquez à l'écrivain, à l'artiste, ce sens de la justice, vous obtenez la justesse : vous expliquez la mesure, la pondération de la phrase, le style net et sobre, précis donc précieux, le rejet de toute expression impropre, un vocabulaire bien forgé adéquat à l'idée, exempt de redondance et que ne gâtent jamais les « bavures ».

A la même origine, à cette passion du droit, vous

rattacherez les invectives de Flaubert contre le « philistin », sa verve exaspérée à l'adresse de l'inférieur, de l'imbécile triomphant. L'intrigante médiocrité préférée au mérite silencieux, cela lui paraissait insupportable, parce que inéquitable.

Vous y rattacherez encore le scrupuleux acharnement de ce travailleur qui récite ses pages sous l'allée des tilleuls, qui châtie, qui essaye, satisfait enfin quand il a établi une syntaxe équilibrée, harmonique, « arrimée au mieux » comme disent les marins.

Cette scène légendaire vient affimer de nouveau la vérité suivante, à savoir que le génie est une longue patience, une mise en ordre méthodiquement suivie.

Ils possédèrent aussi cette force d'âme, nos maîtres-maçons constructeurs de cathédrales : et, pareillement, la possédèrent nos céramistes créateurs du merveilleux « vieux Rouen ».

Sa mentalité une fois établie, on comprend pourquoi le Normand Flaubert n'aima point Paris. Passionné de vie simple et vraie, il ne put s'habituer à la Ville qui, sans modestie, s'intitule « Lumière » ! Il s'affligeait à la voir cosmopolisée, méridionalisée, féminisée. Il éprouvait un instinctif recul au contact de ce milieu social à la fois snob et sceptique où l'arriviste est roi et « l'ingénue » reine. Il s'indignait devant toutes ces forces perdues (temps, intelligence, beauté).

Le gaspillage d'argent le fâchait aussi : non qu'il

fût adorateur du Veau d'or... Une bonne fois, il faut s'entendre sur l'âme de notre famille provinciale.

Le Normand, dit-on, « a les doigts crochus » : c'est avéré par un proverbe.

Allons donc ! Prenons comme exemple, je vous prie, le meilleur prototype de la race, Guillaume le Conquérant. Très âpre au gain, notre Bâtard fut célèbre par sa munificence autant que par ses rapines. Les extorsions qu'il ordonna n'eurent jamais rien d'étroit ni de personnel. Guillaume aima l'or, mais uniquement pour la puissance dont cet or est la représentation. Il l'arrachait pour le répandre en sa forme de dynamisme ; sa main était lourde, mais facilement ouverte. Faire largesse avec le butin, cela lui parut d'allure princière.

Les exemples de cet état d'esprit abondent dans nos annales : tel corsaire redouté, comme Jean Ango, ordonnait le pillage des galiotes portugaises dans le même temps qu'il recevait avec faste le roi de France, dépensant comme un prodigue.

Appréciant la valeur hominale de l'argent, le Northman s'en montre économe, jamais avare. Et, de lui, on peut dire que ce hardi compagnon eut surtout l'âme généreuse.

Le bon Flaubert fut, je crois, médiocre « gaigneur » ; mais sa magnanimité me suffit pour le proclamer Normand : son mépris hautain du métal, son absence d'égoïsme, le rattachent à la souche commune par la plus noble manifestation de notre ancestralité.

Résumons-nous par cette pensée : Flaubert fut un grand « de son pays » : c'est pourquoi il fut grand.

Demeuré provincial résolument, ne se montra-t-il pas bien inspiré ? A Croisset, il était chez lui ; la Seine lui assurait le reliement aux visions ataviques, sans intermédiaire ni brisure.

Penché au balcon de fer du Pavillon, il extasiait ses prunelles, contemplant ces gigantesques longs-courriers qui toujours brassent l'eau de leurs ailerons et s'évertuent vers la haute mer.

Nostalgique, il regardait — tout de même que regardèrent les Vikings aventureux, quand leurs drakars cinglaient vers l'inconnu, vers le lointain.

Et j'imagine qu'aux profondeurs de son être, aux bases de sa mémoire, Flaubert entendit chanter l'antique voix des aïeux : « Loin... plus loin... vers l'inconnu... C'est là que nous voulons aller... »

TROIS PRÉFACES

BARBEY D'AUREVILLY

NANSEN

LE PÉ MALANDRIN

BARBEY D'AUREVILLY

Le culte des ancêtres existe pour tous les peuples : il demeure à la base de toutes les religions, parce que c'est lui qui nous relie le plus solidement aux sources de la vie — par la chaîne des morts.

Il faut honorer tous les morts et en glorifier quelques-uns : Barbey d'Aurevilly compte parmi ces derniers. Il a sa place au Panthéon de Normandie. Il devrait l'avoir, tout au moins : car, un peu confus, nous avouons que ce très grand homme, mal jugé de son vivant, subit encore l'injure d'une méconnaissance posthume.

Heureusement, voici l'heure du définitif hommage : la résurrection par l'effigie.

A l'horizon de notre âge doivent surgir quelques silhouettes, rappel de ceux qui, ayant été *surhommes*, survivent, parmi l'universel trépas des éphémères. Les petites individualités médiocres disparaissent à jamais, végétation fragile, création périssable, flétrie aussitôt que née, parce qu'elle ne portait aucun germe d'avenir.

Par myriades, au cours des siècles, des noms furent prononcés : ils le furent à peine. En effet, ces appelés n'étaient point des *personnes* : ce n'était *personne*. Des gens y répondirent, certes; mais, nominalisés une seconde, ces gens, confondus maintenant, représentent, pour la postérité, une multitude anonyme, telle jonchée de feuilles éparses que le vent glacé du Temps promène aux carrefours, puis balaie aux Limbes.

Destin de la Forêt : destin de l'Humanité : l'inexorable loi s'affirme pareille, pour toute manifestation terrestre. *Lignum* : *lignée* : c'est le même mot.

La grande Lignée, chez nous, c'est Corneille, Flaubert, d'Aurevilly, Maupassant — chênes altiers qui peuvent attendre la disparition des cépées, buissons, fougères, je veux dire de tous les êtres qui crurent vivre et ne faisaient que végéter.

C'est bien cela : autour de ces géants, je ne vois que brindilles, broutilles, lianes, tout un empêtrement lamentable qui appelle la Faulx...

Leur stature, à eux, s'élève, déploie, dans une zone supérieure, son impérieux branchage, qui réclame l'éther, les bourrasques, le soleil. Essences à formidable envergure, ils ignorent la loi des courtes saisons, bravent la décrépitude, résistent à la fuite des heures, à la course des jours, à l'écroulement des ans. Leur vie s'égale à plusieurs générations d'hommes.

Quand je songe à l'un de ces colosses, mes lèvres ne peuvent se défendre de réciter :

« Celui de qui la tête au ciel était voisine
Et dont les pieds touchaient à l'empire des morts. »

La formule du fabuliste est, au surplus, bien mieux qu'un symbole : elle est la vérité même.

Considérez l'Arbre : majesté des ramures, richesse des frondaisons, trouvent leur équilibre dans un réseau de radicelles qui explorent la terre, dans une vascularité ligneuse qui, fouillant au sein même de l'hypogée, aspire et distille les sucs de la vie planétaire.

Aux constructions aériennes, aux édifices vivants, répondent des substructions, des ancres, des armatures animées.

Ces rois de végétalité développent, dans l'air, un épanouissement égal à l'aire de sol qu'ils occupent, au limon qui les soutient et les sustente.

Ils ont germé aux profondeurs et non sur le lit de surface dont se contentent les végétations annuelles, la brousse contemporaine.

Il est donc rigoureusement exact de dire que, semblables aux éminentes structures de la sylve, les grands hommes d'un pays, les sommets de la race, plongent, par leurs racines, loin, aussi loin que possible, dans l'ancestralité, dans l'œuvre des défunts, dans cet *humus* qui s'appelle *humanité*.

C'est pourquoi ils ont la chair robuste, le tissu

sain, une abondance de graines, avec je ne sais quelle lourde magnificence.

Les grands nôtres se montrèrent forts, parce qu'ils furent des hommes de la race, des Normands incarnant bien, du cœur à l'aubier, les qualités d'une illustre famille.

Regardez-y bien : N'ont-ils pas des caractères communs, qui sont précisément les caractéristiques de l'ancêtre ? Ne ressuscitent-ils pas le prototype, ce Viking qui fut « conquesteur » des mers, pèlerin des continents ?

De même que les pères intrépides exploraient l'univers, affrontaient l'inconnu, dévoilaient le mystère, pour y saisir le réel — de même les fils interrogent le monde des idées, images, sensations, hypothèses, pour y vérifier leur rêve.

Conquête par les armes — épopée par l'intelligence : pareils sont les procédés des ancêtres et ceux des descendants.

L'œuvre littéraire des Normands présente, dans ses allures, je ne sais quoi de décidé, de décisif, de hardi, qui rappelle l'ancien pirate, l'homme des abordages et des corps à corps.

Considérant nos artistes, dramaturges, poètes, je songe aux « rois de mer » qui dressaient leur proue droit au large, ne baissaient point le front devant le soufflet de la tempête et recevaient, aux joues de leurs drakars, le crachat des vagues.

Sans faiblir, ils supportaient le froid et les intempériles, parce qu'en eux brûlait ce foyer magnétique qu'ils emportèrent du Septentrion.

De même, les nôtres manifestent un amer dédain de l'opinion publique, une acceptation hautaine des interruptions qui cinglent, des haines qui fouettent; on dirait q belliqueux, agressifs, ils recherchent la douche t. énergies adverses. Rien ne les abat, rien ne les glace, parce qu'ils portent, en leur âme, *l'enthousiasme*, ce dieu intérieur.

Plus encore que ses congénères, ses émules, Barbey d'Aurevilly présente les caractères reviviscents du Viking.

Profil altier, méprisante attitude, poitrine largement découverte, tête rejetée en arrière, ne vous apparaît-il point tel qu'un athlète dans l'arène, toujours prêt au bon combat?

Ironiste sans ménagements, excessif dans la péripétie, tragique dans l'expression, polémiste fougueux, créateur de types outranciers, Barbey joue, sur ses contemporains, le double rôle de contempteur et d'entraîneur d'hommes.

L'autre colosse normand, Flaubert, affirme mêmes particularités physiques et psychiques.

Maupassant les manifeste, à un degré moindre, gâté qu'il fut par le pessimisme, cette faille.

Et pourtant, direz-vous, le Normand représentatif par excellence, Corneille, fut, en tant que personnalité, assez peu rayonnant, mal extériorisé (nous en avons, de lui-même, l'aveu). Sa vie demeura bourgeoise, circonspecte, rétractée.

Rien n'est plus exact : et cela s'explique, parce l'époque du Roi-Soleil n'était pas favorable aux éclosions d'individualités. Le libre essor, l'éploiement d'une existence intégrale, ne se comprenaient pas alors.

Mais le vrai Corneille, ce n'est point le fonctionnaire timide, l'avocat à la Table de marbre : c'est l'auteur du *Cid*, le père d'*Horace*, le créateur de *Polyeucte*. Au théâtre, il se livre, se révèle : par la voix de ses personnages, il parle, impérieux, avec son âme vraie, à plein génie. Son héros, c'est lui-même : et ce héros est Viking : il l'est avec éclat, avec âpreté, avec emportement.

. . . .

Telles sont les raisons en vertu desquelles on doit approuver la campagne engagée pour la mémoire de Barbey.

Nous avons, à Rouen, les statues de Corneille, de Flaubert, de Maupassant : triptyque incomparable !

Il convient que, là-bas, se dresse une stèle où s'affirme l'immortalité d'un autre génial enfant de notre Patrie normande.

Ce n'est pas tout : quand cet acte de foi sera un fait accompli, quand les mânes de Barbey auront reçu leur tribut d'hommage, nous demanderons une nouvelle manifestation en l'honneur de notre province,

Nous formons le vœu que cet admirable Cotentin, joyau de la France, s'enrichisse d'un autre monument, celui des fils de Tancrède, héros légendaires. Le rocher de Coutances doit s'orner de statues qui répondront au duc Guillaume, cabré sur son cheval, non loin d'ici, à Falaise.

D'autres personnages éminents peuvent être évoqués, un peu partout, chez les Normands. Sur la grande page de verdure, nous voudrions qu'il y eût comme une moisson de gloire et qu'une leçon fût écrite, en lettres de marbre ou de bronze, pour la postérité.

Par les yeux de nos fils, il serait émotionnant de revoir les grands Acteurs du drame humain.

La lecture de leurs exploits se compléterait par une apparition, dont le geste dirait : « *Adsum... Adsum qui feci.* »

NANSEN

Il faut admirer Nansen. Il convient surtout de le comprendre.

A l'école, notre célèbre Norvégien se montra rebelle à l'instruction par les livres, réfractaire à toute direction scolaire ou professorale. Il échappait à ses maîtres, qui le tenaient pour oisif et distrait. En réalité, *apprendre* lui semblait fastidieux : il ne voulait qu'*agir*. Il ne se passionnait guère aux classes, à cet exercice de la mémoire qui consiste à s'assimiler les œuvres et la pensée des autres.

L'évolution d'un être, en soi, lui semblait pouvoir se comparer à l'épanouissement d'un végétal. Pour l'humain, comme pour le végétal, l'apport extérieur (au-delà d'une certaine limite nutritive) n'est plus un aliment, un principe vital. C'est une pléthore délétère qui écrase, remplit, mais ne s'assimile plus.

Un instinct lui révélait que, pour dominer son siècle, il faut être *quelqu'un*, originalement quelqu'un, possédant son autonomie, son caractère, la plénitude et l'amplitude de ses moyens propres, de son individualité.

Avant toute chose, il voulait être fort ; et, en vue de ce seul résultat, il se mesura directement à la nature, prise comme gymnastique, aux éléments acceptés comme dynamomètres.

N'avait-il pas raison ? L'existence n'est-elle pas une marche vers « le but ». Or, l'instruction d'école, les programmes, ne représentent-ils point une surcharge qui alourdit d'autant les types énergiques, pour les faire aller de front, de pair, avec les inférieurs, — sorte de course « *handicap* » où trottent écoliers, étudiants, tous, confondus (gladiateurs et rossinantes) garrot à garrot ?...

Et c'est ainsi que chacun d'eux, au lieu de devenir quelqu'un, reste quelconque.

Ces principes constituèrent-ils la philosophie de Nansen ?... En tous cas, ils furent son efficiente règle de conduite.

Il se libéra des devoirs scholastiques pour s'astreindre aux seules tâches de sa croissance personnelle.

Son premier motif d'éploiement fut sa lutte contre l'ennemi qui sévit en ces latitudes : *le Froid;* il s'aguerrit contre les bases températures, en passant dehors les plus dures nuits boréales.

Puis, ce fut la banquise. A sept ans, il remportait le premier prix de patinage : et les alpinistes citaient ses ascensions le long des pics glissants et des montagnes glacées.

Il y avait aussi la redoutable Faune. En 1882, à peine âgé de vingt et un ans, faisant une croisière au Groënland, sur la baleinière *Viking*, il tua 500 phoques, des morses et 14 ours blancs.

Et alors, en vertu de cet équilibre prédestiné qui existe entre les facultés et le phénomène, entre le sujet et l'objet, entre l'agent et l'action, entre l'homme et la planète, le but se précisa, en même temps que s'affermissaient les aptitudes à atteindre ce but.

A la face de son imagination extasiée, le pôle surgit. L'âme avait trouvé son aimant.

Orienté ainsi vers une direction, ayant reconnu le sens de sa vie à lui, désormais en possession et au pouvoir d'une « vocation », Nansen se fait savant, par choix personnel, par un acte de décision réfléchie.

Devenu un caractère, une personnalité, une volition consciente, il dispose lui-même de ses « moyens » intellectuels et physiques, enrichit ses possibilités, essaie et ajuste les mécanismes de son énergie... — tel un capitaine qui, après avoir arrimé le gréement de son navire, se sent enfin et se constitue « maître à son bord » — puis il va de l'avant, *Fram*...

Alors, apparaissent et se développent les qualités du « Northman », qualités faites d'enthousiasme et de prudence : hardiesse dans la conception — abondance et précision des hypothèses — esprit de logique et d'ordonnancement — fermeté dans l'exécution — opiniâtre souplesse vis-à-vis de l'adversité — modestie dans la réussite.

« Homme de génie », a-t-on dit. Mais qu'est le génie, sinon une faculté d'observation suivie et d'attention profonde ?

Tous ceux qui furent héros de l'action, tous ceux qui firent faire un pas *réel* au progrès, qui assurèrent la mainmise de l'homme sur le Globe, depuis Alexandre, jusqu'à notre Pasteur, furent certes des vaillants, mais surtout des méticuleux qui ne laissèrent rien au destin, à l'inconnu, au « peut-être », qui surent *pro-videre* et ainsi trouvèrent en eux-mêmes « la providence ». Et, par suite, n'est-il pas juste que, vis-à-vis d'eux, le « hasard » change de nom, pour s'appeler « la fortune » ?

Ce qui reste merveilleux dans l'aventure de Nansen, c'est moins l'expédition elle-même que ses préparatifs.

L'organisation du voyage polaire dura, dit-on, trois ans. Elle dura plus. Elle dura la toute la vie de Nansen.

Dès qu'il atteint l'âge de raison, nous voyons le jeune Norvégien s'endurcir à la fatigue et aux frimas. Il développe chez lui la résistance au frisson en plongeant dans l'eau glaciaire. Il s'aguerrit, nous l'avons dit, en des escarmouches contre l'Iceberg, l'élément homicide qu'il devra combattre. De fréquentes escalades lui donnent une poitrine athlétique, des jarrets d'acier. Il entraîne son estomac à la fois aux jeûnes et aux mets indigestes. Il se livre aux luttes corporelles comme firent les gladiateurs antiques. Il exerce au tir ses prunelles et ses bras.

Combien indispensables toutes ces précautions ! S'il n'avait point possédé en son organisme toutes ces qualités réunies (coup d'œil, décision, robustesse), Nansen aurait infailliblement succombé à l'une ou à l'autre des péripéties que lui opposa la destinée — soit quand il dut se jeter à l'eau pour rattraper le kayak en dérive — soit quand il ajusta l'unique phoque dont la chair devait le sauver de l'inanition — soit lorsqu'il se lança en sa course désespérée vers le Nord — soit lorsqu'il terrassa l'ours blanc sous lequel râlait déjà Johansen — soit lorsqu'il visa l'œil du morse à la seconde précise où le monstre allait faire chavirer l'embarcation — soit lorsqu'il subit le terrible hivernage de la Terre-François-Joseph.

En même temps qu'il exerçait ainsi sa chair, ses muscles et ses nerfs pour les amener à un maximum de force, de performances et de discipline, il poursuivait ses études, conquérait son grade de docteur ès-sciences, faisant œuvre de cérébralité — *le tout en vue du but à atteindre.* Tout en lui désormais se concentre et converge « vers le pôle »[1].

1. Titre du livre où il raconte son épopée.

Et ainsi, homme de sport et de science, Nansen devenait (âme et corps) un spécimen parfait de la race humaine, un chef-d'œuvre de Créateur.

Quand il sentit la plénitude de sa puissance intellectuelle et physique, il annonça au monde de la géographie quelle résolution il avait prise : conquérir le Pôle, en une dérive qui devait durer plusieurs années.

On le savait homme d'expérience et de ressources : il fut acclamé.

Désormais, tout à son projet, à son enthousiasme, à son « Dieu intérieur », il s'absorbe et construit, par avance, de toutes pièces, avec son admirable imagination, le voyage qu'il va faire, le plan qu'il se propose d'exécuter.

Tout est prévu : depuis la machinerie jusqu'au tempérament des chiens qu'on attellera aux traîneaux, en passant par l'analyse chimique des provisions — vêtements et fourrures — pharmacie — budget — instruments scientifiques — éclairage à l'électricité — ski — kayaks — rôle des canots en cas de bris du navire — charbon — bibliothèque — instruments de musique et jeux pour les heures de découragement et de spleen — cordial qui relèvera le courage des hommes — sens et durée des débâcles — possibilités d'hivernage — résistance physique des marins, auscultation de leur poitrine, examen de leur âme — construction du navire.

Le navire ! c'est lui surtout qui passionne Nansen.

A l'établissement du gabarit il déploie ses dons de minutieuse et savante attention.

Courbe des murailles, lignes de l'épure, gouvernail, quille et agrès, tout cela est disposé avec un art consommé, une impeccable science d'ingénieur naval.

Nansen est très averti de la façon dont hummocks et icebergs ont coutume de happer et d'écraser les baleiniers. Pour affronter la banquise il lui faut un outil infrangible.

Tout réside donc dans le *Fram*. *Le Navire*, c'est le personnage principal de l'expédition, la cheville ouvrière, le travailleur.

En mettant pied sur le tillac, Nansen a pu dire, comme l'imperator à la barque antique : « Tu portes César ! »...

Et ainsi, lorsque Nansen commença son expédition, elle était complète, en germe, dans ce puissant cerveau. Quand il vint gaiement « prendre », comme il dit, « son billet de voyage — *a ticket with the ice* », il pouvait presque déjà s'extérioriser de son œuvre et assister à son évolution splendide.

Conçue par lui, *pré-établie*, l'exploration boréale s'acheva comme un théorème dont la solution, en obéissance aux prémisses, *doit être*.

Selon les prévisions du Maître navigateur, les conjonctures se firent dociles, les éléments apportèrent leurs conformités. Le sphinx des glaces ne gardait, par devers lui, aucune surprise; il était deviné par l'Œdipe moderne.

Rien n'a échoué. Tout a été réalisé comme il avait été dit que cela serait réalisé, à la lettre, sans accident, sans accroc. *La vie est une science exacte.* — Nansen l'a démontré par une leçon de choses.

Les plus grandes joies sont celles de la mathématique. Notre Norvégien a été un heureux. En un autre sens, je dis qu'il a été heureux. Et je conçois l'exaltation de son retour, après avoir admiré l'impassibilité de son départ.

Après cela, m'étendrai-je sur la biographie de Nansen ?

Qu'est sa vie usuelle à côté de son exploit, et en comparaison de son âme ? Vis-à-vis des grands hommes, il ne faut pas être indiscret et demander à connaître le train ordinaire de leur habituelle existence.

Ils sont, à mon avis, comme les hauts monuments et les belles scènes de la nature : inutile de les voir à la loupe et de trop près. C'est ainsi qu'on les dépoétise... De la sorte, on les voit mieux, peut-être; mais on les comprend moins.

D'eux, le spectateur doit recevoir une impression globale, et non des sensations d'entomologiste.

Nansen est conservateur du musée de Bergen, professeur de zoologie à la Faculté des sciences de Christiania, membre correspondant de l'Académie des Sciences de Paris. Il a épousé une artiste lyrique éminente, Mlle Eva Sars, fille d'un savant naturaliste. Il a deux enfants et demeure à la campagne, à Godthaab, villa Lysaker, près Christiania.

Mais, vraiment, est-ce que tout cela est utile à savoir ? S'agissant de l'illustre Norvégien, l'homme disparaît absolument devant le héros.

LE PÉ MALANDRIN

C'était au soir d'un jour morose, d'un jour opaque où le ciel de ma pensée demeura gris, bas, chargé de ces nuages que l'on appelle « soucis ».

Des amis me prièrent de les accompagner à certaine soirée qui s'annonçait — cumul blâmable — comme littéraire, artistique et musicale.

Après diverses « attractions », où je trouvai tout juste quelques « distractions », Delesque parut. — Delesque alors rédacteur au *Nouvelliste de Rouen*.

Non pas lui, au surplus, mais certain paysan cauchois, pesant, courbé, gêné de ses mains et qu'on eût dit obtus... sans le sourire malicieux par quoi se relevaient les lèvres, sans la lueur qui pétillait aux yeux, sans la physionomie narquoise et fine.

C'était le « Pé Malandrin ! »

Ce brave homme narra des histoires énormes — et dans quel style ! un patois qui bravait les règles jusqu'ici respectées de la syntaxe, qui faisait la nique à cette grammaire dont la France s'enorgueillit (si l'on en croit les grammairiens).

Mais quels mots savoureux ! Quelles trouvailles d'expressions ! Quelles pittoresques saillies ! Quelles images saisissantes d'originalité !

Ce fut un éclat de rire dont je demeure encore tout secoué, rien que par le souvenir.

Mis en belle humeur par « *le cossard* », l'auditoire cria : « Une autre ! une autre ! » Delesque, simple, aimable, bon enfant, débita : *La culeuvre à Pamphile, Saint Wigelforte,* plus je ne sais quelles fantaisies abracadabrantes, une notamment dont les détails m'échappent, mais qui mettait en scène, d'irrévérencieuse et drôlatique façon, notre Président normand : *Félisque Phoque.*

Delesque était intarissable autant que nous insatiables; on ne se lassait pas d'entendre le madré Cauchois évoquant, en verts propos et silhouettes criantes de vérité, « le paysan », cet être dont tous parlent et que si peu connaissent.

La séance durait encore, passé minuit. Très en verve, Delesque improvisait, le Pé Malandrin se livrait en récits divers, fins, multipliés... Et c'est nous qui dûmes apercevoir que l'auteur-acteur était, non pas épuisé d'imagination, mais à bout de forces.

Cette mémorable soirée chassa de mon esprit les

« papillons noirs » et, par l'épanouissante vertu du rire, restaura chez moi l'optimisme, cette joie solaire de l'âme. Des rafales de folle gaieté avaient réellement déchiré l'aveugle nuée où mon esprit s'obnubile parfois.

Arpentant seul la « Petite Provence », je réfléchissais à ce que je venais d'entendre, et je dus constater que ce n'étaient point là simples fantaisies de lettré, jeux d'artiste, imitations stériles, ou caricatures sans portée.

Récits cocasses, rustiques, gauloiseries, farces aux apparences de naïveté, reposaient sur une très pénétrante observation et commandaient de singuliers prolongements vers la réflexion, la moralité, la philosophie.

C'étaient simplement chefs-d'œuvre de finesse satirique, de sapience, d'ironie bienveillante (si j'ose dire).

C'est bien cela. Très vives en leur dru langage, les *malandrinades* ne méritent pas l'épithète (souvent mal interprétée) « d'inoffensives » : mais on peut affirmer qu'elles ne sont jamais « offensives ».

Je veux exprimer qu'ici les traits d'esprit ne sont point barbelés, qu'ils peuvent égratigner, certes, mais sans blesser jamais. Flèches ailées, soit... mais non point lourds javelots.

J'ai entendu Delesque mettre en scène des auditeurs présents, travestir séance tenante leur pensée ou leur style en forme gentiment burlesque ; personne ne pouvait s'en fâcher. Moi-même, il m'a proprement blagué « coram populo » — et j'en ai ri aux larmes.

Pour qu'un Normand « la trouve mauvaise », il faut qu'une plaisanterie ne soit véritablement pas bonne ; or, celles de Delesque sont de parfait aloi.

Ailleurs, à l'une des réunions qu'organise annuellement le Comité Flaubert, Delesque fit apprécier une autre face de son talent. Devant un auditoire d'élite, composé d'écrivains, orateurs, artistes dramatiques, il déclama ses poésies.

Quelle surprise ! Le rustre au langage indigent, le pauvre conteur empêtré dans ses expressions, chavirant au milieu des incidentes, s'était mué en un poète qui s'extériorisait, en un pur parnassien dont les lyriques accents gardaient de superbes envolées.

En écoutant ce maître du verbe, je me demandai comment le même écrivain avait pu concevoir les inénarrables monologues de Malandrin, *Le Congrès des Poissons*, fable digne de la Fontaine, et les strophes magnifiques de *La Cathédrale* ou du *Foyer*...

Ce fut un triomphe ! Et certain éditeur parisien de ma connaissance dit à Delesque : « Voulez-vous être publié dans la bibliothèque Charpentier ? »

Notre ami n'a point profité de cette offre, parce que c'est un modeste, un provincial enraciné qui prétend rester fidèle à sa « petite patrie » ; son livre sortira des presses normandes et portera la firme de Caen, notre Athènes.

C'est fort bien fait. Delesque, décidément, n'est point snob, point ambitieux, pas du tout « à l'instar de Paris ». C'est un esprit bien avisé qui veut rester « de chez lui », un doux philosophe qui ne s'en fit jamais accroire.

Et c'est pourquoi sa personne est encore plus intéressante que ses œuvres. A entendre, sur nos scènes rouennaises, ses étincelantes revues, on n'imaginerait pas que cet auteur gai, ce patoisant joyeux, ce conteur expert en propos salés est, au fond, un triste, un désabusé. La vie ne lui fut guère clémente, et pourtant il n'a point maudit la vie. Jamais il ne connut l'envie, s'accommoda toujours avec l'adversité et n'imagina point de prendre une attitude de martyr.

Ce cœur si tendre, cette homme content de peu, ce pur artiste, accueille toujours ses amis avec gaîté, gardant pour lui seul la peine.

Il pense que la plus délicate des politesses envers autrui consiste à lui apparaître avec le sourire, en toilette de bonheur.

Il a comme la pudeur de ses chagrins et trouverait inélégant de confier au public ses doléances.

Tristesse et faiblesse, c'est tout un. Delesque n'est pas un déprimé, un vaincu de la vie. Reconnaissons-lui du ressort, saluons son énergie, et que par nous il sache quel avenir peut être réservé à son talent.

Je termine. Lisez Delesque, il vous amusera. Ecoutez-le, vous serez charmé. Connaissez-le, vous l'aimerez.

ROUEN

ROUEN VU DE BONSECOURS

LE PAYS RIPUAIRE

ROUEN

Cosmopolisé, féminisé, pléthorisé, Paris ne peut point prétendre à représenter seul la France, dont il n'est plus l'image, dont il n'est plus l'essence. Petit cercle déformé, gonflé, il n'est plus apte à refléter, sur sa surface étroite et pansue, le grand soleil de la pensée divine. Chaque nation est, en effet, un miroir où « Quelqu'un se contemple » et se complaît. Or, la totale superficie de la France n'est pas excessive pour que puisse y apparaître l'Astralité qui nous fait face, pour qu'y reluise pleinement l'Astre dont notre humanité consciente est le satellite.

Ce rayonnement, Paris le réfracte, sans le réfléchir : il l'altère, faisant office de lentille insuffisante autant que dangereuse, organisée pour une convergence absolue de la Lumière éparse (cette lumière incréée qui doit « éclairer tout homme venant au monde »). Paris est un foyer unique, dévorateur, éblouissant, où s'aveugle quiconque le contemple de trop près.

Et pourtant, l'ensemble du Pays devrait être une face lumineuse : les foyers existent, nullement éteints, mais sans éclat, obnubilés dans la pénombre.

La capitale normande est un de ces foyers.

Il est telles villes où l'épanouissement intellectuel se recommence, se renouvelle, en périodes rythmiques.

N'y a-t-il point des « roses remontantes ? »

Rome fut une rose remontante, ayant fleuri sous les Césars, sous les Médicis, sous la Maison de Savoie.

A Rouen semble réservé pareil destin.

Au Moyen-Age, cette ville fut un des premiers ports du monde, luttant à égalité contre les cités hanséatiques.

Ses fameuses « ghildes » de mariniers, prétendant à la « vicomté de l'Eau », alarmèrent les rois de Paris, lesquels durent concéder aux nôtres une part d'exploitation sur le fleuve.

Rouen fut puissante en armements maritimes.

Elle posséda, comme Pise, Venise et Gênes, des flottes ; ainsi que Florence, elle eut des banquiers puissants ; aussi bien que Tyr, Sidon, Carthage, elle connut les « princes-marchands ».

Et, comme toutes ces villes fameuses, elle eut, par son or, un art, expression de son âme. L'art, en effet, c'est de l'activité fleurissante ; c'est de la richesse qui devient parure.

Dans cet art rouennais, comme dans toutes les œuvres du Normand, la sublimité se joint à la pondération : l'inspiration ne nuit point à l'équilibre des plans, à la fermeté du dessin, à la logique du décor : l'imagination ne fait jamais tort à la sapience.

Le hardi navigateur Cavelier de la Salle peut très bien s'appareiller et s'apparenter avec le lyrique Corneille, — avec les maîtres potiers créateurs du « vieux Rouen » — avec les architectes de nos cathédrales et de nos palais, Rouland le Roux, Pontifz et Davy.

Tous, ils témoignent des qualités foncières de cette race saine, riche, sage, dont les racines plongent en un limon précieux, en une substance de choix. Réunis, ils forment famille homogène.

La vie personnelle de Rouen subit une éclipse depuis la fin du grand siècle jusqu'au milieu du XIXe. Mais, après la dangereuse saignée de l'Empire, l'activité des nôtres, inlassable, recommença. Et voici qu'un afflux de jeune sève sollicite le vieux tronc normand, pour qu'il suscite pétales et corolles. Il y a « printemps » chez nous..... et Floréal y annonce Messidor.

Une nouvelle génération d'hommes surgit, florissante. Or, c'est une fleur « double » qui apparaît — je veux dire que Rouen présente, une fois de plus, cette particularité de briller aussi bien dans les choses pratiques que dans la vie de l'idéal.

Il serait oiseux de signaler les écrivains, artistes,

poètes, penseurs, savants qui honorèrent la Normandie — tous célèbres, ceux-ci, à cause de l'habitude (très critiquable au surplus) qui dispense la seule gloire aux ouvriers intellectuels.

Mais ce n'est pas par eux uniquement que Rouen s'affirme grand. Ce n'est pas dans la seule littérature qu'il y a, chez nous, des merveilles de l'esprit. Maîtres dans le domaine de l'action, protagonistes dans la lutte des affaires, certains Rouennais sont dignes d'attention et méritent le salut. Le « beau » est partout : l'épopée se confinerait-elle dans la seule « langue des dieux ? » Non : parmi les hommes pratiques je connais des *poètes* qui mènent leurs entreprises à la façon de grands artistes, qui, de leurs œuvres font des « chefs-d'œuvre », et qui, dans l'exécution de leurs plans, affirment un sens esthétique de toute supériorité.

Je sais ici telles existences de négociants qui sont du *Corneille vécu.*

Pas de personnalités. Le Normand n'aime point à être mis nommément en vedette... J'oserai seulement crayonner quelques silhouettes — reconnaissables.

... Certain filateur bâtit son usine : celui-ci voit grand et réalise colossal : quand les mécanismes sont achevés, prêts à recevoir l'influx de la force, notre constructeur cherche un nom, comme enseigne : et alors, il appelle sa manufacture « La Foudre »... tout simplement !

Le même, élu député, après l'année terrible, parvient vite au Ministère : l'heure est critique : il faut à la France, non plus des rhéteurs ou des écrivains, mais des esprits robustes, des hommes de décision sachant manier l'adversaire, et osant affronter les responsabilités. Paris envoie ce provincial pour discuter avec un vainqueur sans miséricorde les conditions réputées écrasantes d'une paix humiliée. Le plénipotentiaire normand aborde le prussien, le séduit par sa faconde, son sang-froid, et par son « estomac » — dans les deux sens du mot : malgré son état d'infériorité, en ce duel, il s'égale à l'ennemi.

Notre négociant se révèle négociateur ; il fait de la politique comme il faisait de la filature, c'est-à-dire « très bien ». Le traité de Francfort est reconnu maintenant comme un instrument diplomatique accompli, modèle de finesse et de prévision. Rentré en France, notre compatriote résout, d'un trait de son clair esprit et de son « bon sens », le multiple problème financier des relations commerciales. Ses sages dispositions permettent à la richesse nationale de se reconstituer. Sa verve, son éloquence familière, sa compétence, ses irrésistibles raisons d'homme d'affaires, crèvent les billevesées des économistes « en chambre ». Le même homme compromet délibérément sa fortune personnelle dans une entreprise d'intérêt général. Démuni d'argent, que lui importe ! Grand par les services rendus au pays : cela lui suffit : il ne perd ni sa gaîté, ni sa lucidité, ni sa fermeté philosophique.

... A côté de ce mort, il y a les vivants. Evoquerai-je ce marchand de charbons qui collectionne des tableaux et s'adonne à la philanthropie ? Il est ainsi devenu le Mécène et le bienfaiteur de Rouen. Très averti, très affiné, il fut un des premiers à encourager l'art impressionniste. Propriétaire d'une belle collection, il en fit hommage à notre Musée, écrivant au Maire : « Chaque homme doit une partie du fruit de son travail à sa ville natale. » Le cadeau est sans prix : ni le Louvre, ni le Luxembourg, ne possédent collection semblable. Après quoi, notre concitoyen se remet au travail pour regagner l'argent que représente cette donation princière.

... Tel architecte diocésain consacra le meilleur de sa vie et de ses veilles aux embellissements de la Cathédrale : à sa mort, un testament nous apprit qu'il léguait toute sa fortune pour l'achèvement des restaurations de la Basilique : n'est-il pas touchant, ce beau geste d'humanité et d'amour ?

... Nul de nous n'a oublié cet armateur qui eut l'audace de faire monter jusqu'à nos quais le premier long-courrier, démontrant du coup la navigabilité de la Seine, brisant certaine coalition qui prétendait confiner Rouen au rang du port de cabotage : songez à ce qu'il risquait si le navire avait échoué ?

... Quelle liste rempliraient les noms de nos chefs d'industrie, armateurs, négociants, ingénieurs, transporteurs, consignataires, maîtres de carue ! Je ne cite pas leurs personnes, me contentant de glorifier leurs énergies vivantes.

Ah ! les Rouennais, si on les laissait agir ? Si on les débarrassait des entraves centralisantes ? Si on les libérait de la servitude parisienne ?... Ils feraient, en quelques années, de leur fleuve, l'artère principale, la « *carotide* » de l'Europe.

Malgré tout, cependant, le port se développe : il y a trente ans, son tonnage atteignait à peine 500,000 tonnes; il dépasse aujourd'hui 4 millions. Quand les digues de l'estuaire seront parachevées (encore 1,700 mètres à finir), les plus gros steamers de l'Océan auront l'accès de nos quais.

Les marchandises que représentent ces arrivages et transbordements sont : bois, houille, vins, pétroles, grains, minerais, pâte à papier, produits chimiques, etc...

Il y a des lignes régulières sur l'Angleterre, l'Espagne, l'Algérie, la Norvège. On étudie la création d'un service bimensuel entre Rouen et Halifax, pour l'importation en France des produits canadiens.

Quatre gares étendent le long des quais 32 kilomètres de rails. Sur un fleuve calme et profond (réunion de huit cours d'eau) stationne une batellerie nombreuse qui met en communication la navigation océanique avec tout le réseau des canaux européens.

Sous l'envolée gigantesque du Pont transbordeur, des centaines de grues à vapeur, hydrauliques, électriques, bennes automatiques, travaillent, enlevant des fardeaux énormes, d'un geste gracieux, sûr, jamais las.

L'industrie (filature, tissage, teinture, indienne, rouennerie, cretonne) peuple les faubourgs, emplit les vallées adjacentes, déborde sur la province.

L'élan est donné; le progrès va s'accentuer, en progression non pas arithmétique mais géométrique.

Le Ministère des Travaux publics ne peut se dérober à l'appel chaque jour plus pressant des énergies provinciales qui s'affirment et s'élargissent, qui ne tolèreront plus l'arrêt, la pénurie des moyens, l'inertie bureaucratique. La force motrice se refuserait-elle au moteur en marche ?

L'avenir commercial, industriel, maritime, de l'estuaire normand et de sa capitale, n'est plus une hypothèse, mais une certitude.

Guillaume le Conquérant échoua dans l'union qu'il rêvait de France et d'Angleterre avec Rouen-Capitale.

Les groupements *politiques* se firent autrement; mais, dans le temps, tout passe et tout se renouvelle. Voici que l'Europe *économique* se constitue : voici bientôt esquissés les Etats-Unis de l'Ancien monde : Rouen en sera l'un des chefs-lieux.

La solution jadis avortée se présente à nouveau, posée maintenant sur données plus vastes.

Ne pensez-vous pas vraiment qu'il y a des régions fécondes par prédestination ? Acceptez-vous qu'il existe d'éternels placentas où s'incarne la semaille ignée, où prend racine la graine eucharistique de l'Esprit ?

ROUEN VU DE BONSECOURS

Quand le voyageur parvint à l'endroit d'où on lui avait dit qu'il découvrirait Rouen, il s'arrêta, et ne vit rien. La vallée de la Seine disparaissait sous la brume ; l'Etendue se présentait avec l'aspect d'une opacité chaotique et sans bornes.

Les nuées déferlaient par molles ondulations le long du cimetière de Bonsecours, noyant les tombes dont les blanches pierres représentaient des rochers que battrait la vague. La côte des Aigles était une grève — ce qu'elle fut jadis aux âges diluviens. Le promontoire « Sainte-Catherine » figurait une jetée, un môle, au flanc duquel s'égouttait le brouillard, en lentes et vastes lames.

Sous cet océan gris, une rumeur s'entendait : roulements de trains aux gares Saint-Sever et Orléans ; sifflets de locomotives ; ronronnement des métiers et canettes. Dans ce gouffre, on devinait : charrois, traînements de chaînes, heurts, luttes, ahans, efforts, clameurs étouffées, agonies. On percevait aussi :

écrasements de marteaux et pilons, râles de hauts fourneaux, soufferies de forges... Des odeurs de soufre, salpêtre, gaz, acides, ammoniaque, montaient... Parfois, un rougeoiment de cratère... Quelque foyer ardait sa langue de feu, poussait son haleine fuligineuse.

Cela eût pu représenter l'enfer... pour un moyenâgeux pérégrinateur. Pour notre passant, actif pèlerin du siècle, c'était la vie...

Trompes lointaines de tramways et automobiles, sirènes de navires, grincements de poulies, treuils et cabestans, roulement de voitures, sonneries de cloches, fourmillement de la foule, écho des tambours et clairons aux chaussées de manœuvre sur Sotteville, crépitement des écoles à feu vers Rouvray... tous ces bruits, ces soupirs, ce monde invisible dont on n'a pas le spectable évoquent (au cerveau de qui connait les légendes celtiques) je ne sais quelle ville d'Ys submergée... Principalement le bruit des cloches provoque cette illusion, la rend plus forte.

L'Océan plane sur le Globe. Notre Pont Transbordeur semble une passerelle aux trois quarts engloutie de tel navire dont les aiguilles, tours et flèches de cathédrales seraient la haute mâture, les fils électriques le gréement; où les ateliers, filatures, usines et tissages joueraient le rôle des cheminées.

Maisons, quartiers, monuments ont des parties immergées, le surplus tenu hors de la brume; on dirait des corps en lambeaux ou bien des bras de noyés désespérément tendus. Sur les édifices, le brouillard flotte. Et son niveau, brassé par vents et souffles, monte, descend, s'effondre, est de nouveau soulevé ; ainsi, la masse submergée semble se mouvoir, fait effort pour sortir de l'engloutissement.

Le passant habitue ses yeux à cette opacité grise que ponctuent virgules de suie et volutes de vapeurs ; il distingue, confusément estompées, des lignes, des profils, des arêtes, qui pourraient représenter un ensemble de constructions madréporiques, tout un monde de cristaux sous-marins.

Et, sur cette cité d'Atlantide, sur cette architecture de corail, les fumées noires, aigrettes blanches, jets de vapeur forment comme des banderoles, des algues, tout une végétation océanique, fougères, palmiers, floraisons, que balancerait certaine houle très douce, amortie. Quels sont ces fucus, ces palmes charbonneuses ou vives, ces arborescentes fougères, ces varechs multilobés, ces trèfles oscillant aux remous ? Les comparaisons se diversifient : notre voyageur croit voir maintenant je ne sais quelles anguillules, des lamproies, des congres qui se silhouettent et filent... parmi les souffles chauds... des ombres souples qui glissent et se dissolvent sous la nuée...

Parfois, l'éclair d'un tramway, quelque coup de fouet de trolley électrique simulent le passage d'une gymnote, d'une dynamo fuyante... Les feux sous l'aqueuse nébulosité ! N'est-ce point Pompéi engloutie, fumante, au sein de l'onde en ébullition ?...

Maintenant, le rideau ouateux s'amincit ; le voile s'amenuise, plus dilué. L'Océan supposé disparaît à vue d'œil !...

Fumerolles et vaporisations semblent sortir du chaos, comme au jour messianique où Dieu « sépara la Terre d'avec les Eaux ».

Certaines condensations prennent apparence de vie, font — ne le dirait-on pas ? — des gestes de reptation, de marche consciente, d'éveil. D'autres nébulosités se tiennent, à la manière de personnages fantomaux.

La vallée apparaît telle qu'un champ où s'étalent de mouvantes moissons. Voici bien un parterre confusément peuplé, où, en guise de fleurs, s'épanouissent volutes, fumerolles, frisures d'usines, panaches de locomotives, chevelures de locomobiles, crinières de steamers partant en course...

Toutes ces apparences où se mue la Force universelle seraient, par un imaginatif, assimilées aux montées de sève, aux créations d'espèces... Oui, c'est là une formation éphémère d'illusoires organismes, un écroulement de larves qui essaieraient leurs premiers frissons. Ce sont des envolements, des essors, des naissances qu'attend le Néant...

Un instant la vision devint funèbre... Le vomitoire d'une cheminée enroulait son lourd ruban de fumée autour de la flèche de notre Cathédrale. Ce fut comme la torsion d'un Lys noir, un crêpe, on ne sait quelle bannière de Deuillants sous la crypte... D'autres fumées, au loin, firent pareil geste, prirent la même funéraire apparence... procession de gens en cagoule... visible tout à coup sur la bande rouge d'un couchant automnal...

Soudain une « embellie »... Alors, la Ville, sous les vapeurs lacérées qui lui font comme des voilures, avec ses tuyaux d'usines aux tourbillons rabattus en arrière — la Ville apparaît telle qu'un Transatlantique qui, couvert de deux cents cheminées, piquerait vers l'Ouest.

Cette éclaircie dure peu. La vesprée vient, tombe, s'appesantit sur le monde... Les « Ténèbres extérieures » se superposent aux nébulosités qui s'épaississent à nouveau sous le froid glacial du soir. On ressent cette vague épouvante : *deux nuits*...

Et voici que, tout à coup, sous ces deux nuits, la Vie triomphe, l'Humanité se révèle victorieuse de l'Elément. L'énergie, la conscience s'affirment, palpitent au sein du chaos.

Becs de gaz, ampoules électriques, globes, arcs étincelants apparurent; on eût dit que mille gibets, mille espaliers avaient soudain produit fruits de diamant et fleurs de feu .. Ce furent d'incandescentes grappes, une récolte de féerie.

Le passant crut voir un autre ciel, l'Abyme où l'appelaient ses rêves d'ambition, de gloire... un Firmament plein de constellations idéalisées...

Lyre... Véga... Croix du Sud... Ourse... Polaire... tout l'Univers qu'en son cerveau il portait.

Alors, il descendit vers la Ville...

LE PAYS RIPUAIRE

I. — LE PAYS

Comme pays, en est-il un plus beau ? La Côte d'Emeraude ne vaut-elle pas la Côte d'Azur, tant et trop vantée ? De jour en jour, au surplus, touristes et baigneurs préfèrent les plages normandes aux rivages du Midi, poussiéreux, sans verdure, exposés à l'âpre mistral, fallacieux prometteurs de printemps.

Est-ce que l'Atlantique, avec ses longues vagues d'immensité, ses tragiques changements de ciel, ses marées qui apportent la vie du large, n'a pas une autre puissance esthétique, une autre valeur émotionnelle que la Méditerranée, lac éternellement bleu, aux lames courtes, mer close toujours semblable à elle-même.

Jetez un coup d'œil à l'intérieur de nos terres : est-il rien qui puisse se comparer, comme beauté d'aspect et comme richesse foncière, aux plaines de Caux, aux pâturages de Bray, aux cultures du

Vexin, au Pays d'Auge, à ces confins du Calvados et de l'Orne, si justement appelés « Suisse normande ? »

Et quel fleuve peut rivaliser avec la Seine, cette artère où se concentre la vie de notre province ?

Aucun fleuve de France, assurément : ni le Rhône torrentueux, — ni la Loire ensablée, appauvrie, — ni la Garonne, gave capricieux qui désaltère mal ses rives ou qui les noie.

Le Rhin ?... oh ! si surfait, si monotone ou déclamatoire, avec ses châteaux-forts romantiques en stuc et en toc, silhouettes conventionnelles, masses féodales qui évoquent les Burgraves et où logent des bourgeois — avec son paysage toujours le même, ses côteaux pierreux et mesquins, habillés de vignobles qui s'ajustent au petit bonheur, divisés, rapiécés, et lui font comme un manteau d'Arlequin — avec ses rives sans profondeur, sans échappées, sans horizon.

La Seine prime tout : la Seine... « le plus civilisable de tous les fleuves », comme dit Michelet ; la Seine, où confluent huit rivières ; la Seine pittoresque, qui présente mille paysages variés, imprévus, artistiques ; — la Seine maritime, si vivante, si animée par sa colossale navigation ; — la Seine économique, qui baigne les plus riches régions de France et dont le limon précieux a doté la France de 100,000 hectares d'alluvions ; — la Seine, fleuve national, « grande rue, disait Napoléon, d'une même ville : « Havre-Rouen-Paris. »

Tout Français devrait recevoir ce conseil : « Descendre la Seine de Rouen au Havre. »

Montez à Bonsecours pour y aller saluer la statue de Jeanne, notre Sainte nationale — pour déposer une fleur au tombeau d'Heredia, le poète qui dort là-haut, près de sa mère, une Normande — pour caresser vos yeux à l'un des plus sublimes spectacles qui soient au monde.

Puis, descendez, visitez Rouen, la Mecque des pèlerins normands, la ville consacrée par l'holocauste d'une Vierge française, un des Lieux saints de l'*Histoire universelle*.

Arrêtez-vous au Palais-de-Justice et reconnaissez en lui le plus somptueux de tous les prétoires français. Il se dresse au centre de Rouen, comme s'il était l'ami de notre race, le cœur de notre ville.

Ne l'est-il pas effectivement ? Ne fut-il point bâti pour témoigner que la Normandie est tout entière — passé, présent, avenir — dans son culte de la Loi ?

Entrez dans les cathédrales, œuvres de nos ancêtres, filles magnifiques de la Piété. Elles chantent l'âge héroïque de la Pensée religieuse : leurs masses vous diront quelle fut la puissance de cette pensée : la foule des fidèles qui les emplit vous attestera quelle en est la pérennité.

Promenez-vous ensuite sur les quais, à travers la

troupe affairée de portefaix, calfats, douaniers, équipes d'ouvriers de l'armée du travail. Glissez-vous le long des convois, parmi les montagnes de marchandises : là vous attend un surprenant et divertissant spectacle.

Sous l'arche altière du Transbordeur, la diligente nacelle ne chôme guère, faisant la navette, chargée de voitures, automobiles, piétons.

Des centaines de navires sont là — vraie flotte commerciale.

Les uns empanachés de fumerolles, couverts d'aigrettes blanches, se meuvent, en la trépidation de leurs machines, sous la voix terrible de leurs sirènes.

D'autres, amarrés à l'ancre, semblent inertes, l'écoutille béante : un flot de débardeurs les assaille, fourmis laborieuses ; des bennes s'acharnent à vider les carènes ; des grues hautes, au col recourbé, font le geste répété de fouiller les flancs d'une proie.

Devant vous passent longs-courriers, remorqueurs, jadels, gribanes, trains et péniches.

Vous avez vu « Bruges la morte », voici « Rouen vivant ».

Formulez ici cette pensée que Rouen sera le plus grand port du monde, parce que chez nous les choses de l'idéal ne font point tort aux ambitions pratiques.

Sur le paquebot qui vous emmènera vers l'estuaire, vous saluerez, à droite, le pavillon où travaillèrent Flaubert, Bouilhet, Maupassant, et que la piété des admirateurs a préservé de la démolition.

A gauche, vous pourrez apercevoir le toit de la maison de Corneille, à Petit-Couronne.

Plus loin, c'est Moulineaux, Château-Robert, avec les deux monuments où s'atteste que les gars normands sont valeureux toujours, dignes fils de leurs aïeux, n'ayant point dégénéré.

A la Maison-Brûlée, se dresse, en surplomb de la Bouille, une terrasse d'où l'on découvre trois forêts : Roumare, Rouvray, La Londe, avec une superbe plaine où notre fleuve dessine, en un large geste, l'hiéroglyphe de sa vie somptueuse ; c'est incomparable !

Plus loin, à droite, reconnaissez Boscherville, Jumièges, Saint-Wandrille, abbayes qui racontent la gloire de l'âgè médiéval, les charmes de la vie érémitique.

Les rives basses, maintenant, avec des golfes bruineux, des lointains noyés sous une pâle luminosité : maintes fois, on se croirait en Ecosse, traversant quelque lac Lomond ou Katrine.

A Caudebec, voici les vestiges du Calidu, dernier boulevard de l'indépendance gauloise, où nos pères tinrent en échec la fortune de César.

Faites escale à Villequier, afin de cueillir une fleur au cimetière des Hugo.

Profitez-en pour aller en face, à Vatteville-la-Rue, retrouver : les vestiges du palais des empereurs romains, Constance et Constantin — les substructions de la métairie d'Arelaune, où nos rois mérovingiens eurent leur résidence forestière et maritime, où Brunehaut et Mérowig vinrent cacher leurs amours tragiques, dont la consécration coûta la vie à l'évêque Prétextat.

Maintenant, le fleuve traverse d'immenses alluvions plates qui donnent l'impression de quelque polder hollandais.

Vous longez la forêt domaniale de Brothonne, dont les arbres baignent dans l'eau : votre regard pénètre aux sous-bois, plonge dans les fourrés, aperçoit des profondeurs vives en animaux sauvages ; ne sommes-nous point en Amérique, au sein d'une forêt vierge que traverse l'Amazone ?

Lillebonne, à droite : Jules César la bâtit comme capitale et comme arsenal maritime. Dans les desseins de l'Imperator, elle fut un point de sa stratégie continentale et navale, la base d'une tactique qui, dominant la Gaule, visait la Grande-Bretagne. Le cirque romain, les ruines de l'oppidum de César, le château de Guillaume le Conquérant, méritent un regard du touriste savant.

Là-bas s'étale le Marais-Vernier, dont la célèbre « Grande Mare », pleine de roseaux et de criques, évoque, pour vous, les jungles hindoues.

Tout autour, s'allonge, à perte de vue, l'herbeux marécage, sorte de placenta terrestre, où circulent les veinules de l'eau, du sang planétaire ; c'est le

Delta, la région potamique; c'est le Nil, l'Indus, le Gange, le Meï-Kong.

L'estuaire, maintenant... Vous y faites une triomphale entrée par les propylées de Quillebeuf, Tancarville, La Roque, Saint-Vigor, Le Hode et Berville.

A notre gauche, le clocher de Conteville rappelle à votre souvenir une bourgade où Guillaume le Bâtard vécut près de sa mère Arlette.

A droite, un autre clocher, Saint-Jean-d'Abbetot, monument historique, sollicite votre attention par de splendides peintures murales qui se placent aux premiers siècles de l'ère chrétienne.

Naviguant alors sur la baie, sur cette artère fluviale, maintenant régularisée par l'ingénieur, vous reconnaissez la justesse de cette prévision qui assigne à notre golfe une place prépondérante dans le commerce mondial, en même temps qu'un rôle précieux dans la stratégie navale du XXe siècle. On verra, certainement, avant cinquante ans, l'escadre française mouillée ici par des fonds de vingt mètres, à l'abri des feux convergents de La Hève, Orcher, La Roque, Foulbec, Fatouville, Côte-de-Grâce.

A regret, vous allez quitter ce fleuve qui vous fit voir en leur diversité tous les pays de la terre.

Débarquez à Honfleur, sur ce sol historique de la Lieutenance, d'où partit Jean Cousin pour la découverte de l'Amérique (en 1488, quatre ans avant Colomb, par conséquent) — d'où s'embarqua Champlain pour coloniser le Canada — d'où miront à la voile tant de hardis marins pour aller à la côte d'Afrique, ouvrant la voie aux navigateurs castillans et « portugallois ».

Ainsi, devant le steamer qui vous portait, à chaque tour d'hélice, se sont levés d'impérissables souvenirs. La Seine, c'est notre voie appienne, mais point funéraire, ni endeuillée..., une voie appienne pleine de voies vivantes, une voie où circule toujours la vie, cette autre face de la mort.

En effet, dans votre descente en Seine, n'avez-vous pas croisé d'autres bâtiments qui saluaient, du pavillon et de la sirène : gestes manifestant la force de la vie. C'est le présent tumultueux qui rend hommage à ces rives dont le passé fut célèbre ; c'est l'avenir plein d'espérances qui, en une abolition du Temps, porte témoignage respectueux à la sérénité des âges disparus.

De Honfleur, un service bi-journalier de steamers rapides vous permettra d'aller au Havre, patrie de Casimir Delavigne et de Bernardin de Saint-Pierre.

Faites une station au musoir de la jetée, pour assister au passage grandiose et divertissant des longs-courriers et transatlantiques, où s'alimente le commerce maritime de la France.

Voilà le pays — un des coins du pays.

II. — LA RACE

Quant à la race, elle est, osons le dire, de toute supériorité.

Les fils de Tancrède, Guillaume le Bâtard, Jean Cousin, Malherbe, les deux Corneille, Jean de Béthencourt, Cavelier de la Salle, Salomon de Caus, Delavigne, de Saint-Pierre, Flaubert, d'Aurevilly, Maupassant, etc... Quelle province peut s'enorgueillir de noms pareils ? Et je n'ai cité que les plus célèbres.

Voulant synthétiser leur entité nationale, les Allemands ont érigé, sur le Rhin, une statue colossale : « Germania », au socle de laquelle est inscrite la liste de leurs victoires !

Sur un des caps de l'estuaire, ne pourrions-nous placer la « Normannia » avec une stèle qui porterait seulement les noms par lesquels s'illustra cette généreuse province ?

Certain général disait : « J'ai deux filles : Leuctres et Mantinée. » Une patricienne de Rome ne voulait être appelée que « Mère des Gracques ». « Normannia », d'un geste maternel, n'aurait qu'à désigner, sur un cartouche, les noms de ses fils, nos aïeux.

Quelle famille que la nôtre ! Quelle « Maison ! »

Cette vision du lien qui attache un pays et une race, cette notion d'un reliement (religion, si l'on veut), vous l'avez, si, du haut d'un promontoire, par certaine nuit d'été, vous regardez le pays ripuaire.

Des navires glissent sur le fleuve, pointant leurs prunelles multicolores ; des bâtiments à l'ancre gardent leurs feux de position ; des bouées lumineuses jalonnent le chenal ; les fanaux des enrochements se reflètent en Seine ; quelques phares ouvrent, sur la côte, leurs prunelles attentives.

Les pupilles électriques de La Hève promènent sur l'horizon leurs éblouissants et rapides regards.

Fériquement, les côtes surgissent, s'évanouissent et renaissent, en ce jeu de la lumière humaine et de divines ténèbres.

Là-haut, les astres brûlent.

Or, n'apercevez-vous point les noms de nos grands hommes (*nomina-numina*) qui brillent, eux aussi, au zénith de la Pensée, au ciel de l'Histoire, au firmament immuable du Temps, fugaces Etoiles d'Humanité, exaltantes Constellations ?

. . . .

Tel est le pays, telle est la race que des hommes pratiques autant que patriotes s'efforcent de glorifier utilitairement.

Le moment paraît bien choisi pour le succès d'une œuvre pareille, la renaissance de la province étant à l'ordre du jour.

La vie d'une nation comporte des rythmes.

Le rythme de centralisation a duré pendant toute l'histoire de France jusqu'à nos jours. Or, cette centralisation, consommée, poussée jusqu'à l'outrance, a produit l'hypertrophie du cœur en même temps que l'anémie des autres organes.

Il y a pléthore à Paris, tandis que les extrémités du corps ethnique se refroidissent dangereusement. Mauvaise circulation qui met en péril la santé générale et compromet toute chance de longévité.

Instituer une meilleure répartition de l'influx vital dans l'organisme, c'est la question d'actualité, le grave problème où s'agite la destinée de la France.

Aucun esprit averti ne peut nier que la centralisation actuelle ne soit un mal. Il y a là une cause de faiblesse : avouons-le d'une âme sincère ; remédions-y d'un cœur hardi.

Libérons la province, rendons-lui son autonomie, dégageons-la du poulpe lutétien dont les tentacules l'enlacent et l'étouffent.

Au point de vue politique, « Paris-capitale », c'est intangible.

Au point de vue administratif, cela peut être examiné.

Au point de vue des « affaires » et de la prospérité générale, ce n'est pas digne de la discussion.

La cause est entendue, la question jugée par l'opinion publique et jugée sans appel.

Faire converger à Paris — rien qu'à Paris — toute la circulation (chemin de fer, canaux, routes, postes, télégraphes); méconnaître la nécessité de relations directes interdépartementales; mettre dans un ministère le point de départ et d'arrivée de tous les ordres, de tous les travaux publics, de toute manifestation de la vie collective; faire de cette erreur une vérité constitutionnelle, c'est organiser l'apoplexie cérébrale ou la congestion cardiaque.

Nous en avons eu des accès ; nous aurons des rechutes, et nous en mourrons si, après avoir posé le diagnostic, on n'institue pas d'urgence un traitement sévère avec, au besoin, quelques opérations de débridement.

L'histoire de l'ancien régime se résume en une lutte de Paris contre les provinces rebelles. A la fin du XVIIIe siècle, Paris a remporté définitivement la victoire, brisant à jamais ses anciennes ennemies qui faisaient obstacle à l'union nationale, instituant la souveraineté d'un seul pouvoir.

La Révolution brisa tout : supprimant les anciennes frontières intérieures, abolissant tous souvenirs d'origines communes, empêchant chaque groupement hostile.

Aux départements (concassage menu de Normandie, Bretagne, Gascogne, Lorraine, Bourgogne) furent distribués certains noms de baptême au hasard des fleuves, au petit bonheur des côteaux.

Etait-ce bien, tout cela ? Avait-on judicieusement coupé ? Avait-on définitivement recousu ? Inutile de l'examiner, puisque cela fut.

Mais, actuellement, il est nécessaire que cela ne continue point : il faut, pour le bien général, revenir aux anciens groupements. Vraiment, on le peut sans danger : car on ne doit plus craindre un appel quelconque à l'indépendance, à la dissociation. Le régionalisme ne dégénérera pas en séparation.

Le « département » a fait son œuvre : mais il a surtout fait son temps.

Tronçon hybride de vie nationale, il ne répond plus à rien, au triple point de vue économique, administratif, ethnographique.

Les « provinces » sont des personnes, les départements n'étant qu'informes moignons. Décrétons la vie intégrale, d'un bout à l'autre du territoire. Il ne s'agit, du reste, déjà plus, des « provinces », mais de la province.

L'Allemagne possède une capitale politique et dix capitales économiques. L'Angleterre, également. Les Etats-Unis, de même.

La France doit adopter et appliquer ce statut des peuples modernes. Il nous faut des villes principales, des villes-princesses. Paris, demeurant le siège du Gouvernement, ne s'occupera plus que des intérêts vraiment généraux, permettant et encourageant même (ne fût-ce que dans son propre intérêt) la constitution de capitales secondaires, rendant la liberté d'action aux « chefs de lieux » (chefs-lieux, dit l'orthographe).

Du reste, le mouvement est en marche déjà, ayant commencé de lui-même, spontanément.

Sectionnées par le scalpel des terribles chirurgiens de 1790, les chairs se rapprochent, les membres se ressoudent.

Et quand une loi (prochaine, je l'espère) promulguera la résurrection des provinces, on s'apercevra qu'elles vivent déjà.

C'est là, du reste, la caractéristique des bonnes lois : consacrer ce qui existe et non édicter ce qui n'existe pas.

Au premier rang de ces métropoles de province, je place notre belle cité de Rouen qui, vieille d'un passé glorieux et lourd, s'affirme plus active que jamais.

Et, dans l'ère où nous entrons, la Normandie fera grande figure, avec sa richesse foncière, l'incomparable beauté de ses paysages, le génie toujours vivace de ses enfants.

Je souhaite grand succès au *Syndicat d'Initiative* — deux mots excellents : l'un par ce qu'il signifie, l'autre par ce qu'il présage.

LES ANCIENS MARINS

LE RETOUR DU NOUVEAU

LES ANCIENS MARINS
DE L'ESTUAIRE DE LA SEINE

En tous temps, l'estuaire des fleuves fut favorable au développement de la civilisation. Les plus anciennes sociétés prirent naissance dans les deltas ou dans les plaines basses qui bordent les lacs. L'Humanité est une Espèce d'origine potamique ; et les Livres sacrés de tous les peuples furent l'écho fidèle de la réalité, quand ils attribuèrent un rôle historique éminent à l'Eau et aux Boues diluviennes.

Nous ne citerons que pour mémoire les métropoles maritimes du Bas-Euphrate et du Pays d'Accad — les civilisations qui s'épanouirent aux bouches de l'Indus, du Gange, du Nil ou des fleuves indochinois.

On connaît insuffisamment l'influence qu'eurent, sur le Genre humain, les anciennes méditerranées, aujourd'hui disparues, la légendaire mer intérieure d'Asie et aussi les grands lacs d'Afrique.

Mais la paléontologie y pourvoira, et nos savants pressentent de ce côté un vaste champ de découvertes par quoi se trouvera élargi le domaine de l'histoire positive.

Cette loi naturelle trouve une fois de plus sa confirmation dans l'étude historique de l'estuaire de la Seine.

Les premiers vestiges de nos annales dénotent, en cet endroit du littoral, une activité ethnique de premier ordre. Dès la plus haute antiquité, la population aborigène choisit les rives de notre grand fleuve pour y édifier, sur pilotis palafittes ou chaussées, des bourgs et villes à la mode lacustre.

En creusant le bassin de la Barre, au Havre, on a exhumé un tronc d'arbre creusé en forme de pirogue, contenant un cadavre. Cet inappréciable document prouve que dans le « préhistorique », les populations côtières s'étaient aventurées sur la mer.

Des fouilles méthodiques établiront surabondamment que, dans ces parages, l'aborigène se livra toujours à la pêche, fit des constructions maritimes et s'essaya à la navigation, dans les limites de ses moyens rudimentaires.

Les races qui se superposèrent à lui (Celtes — Calètes — Francs — Saxons — Normands) eurent le même génie, tant il est vrai que le sol forme toujours l'habitant, par une sorte d'usucapion.

Les Romains eux-mêmes, ces légionnaires terriens,

fondèrent ici une capitale maritime « Juliobona »[1] aux murs de laquelle s'attachaient les galères.

Relativement aux Celtes et aux Calètes, nous avons lu, avec un vif intérêt, le mémoire encore inédit de M. Gravier, secrétaire général de la Société normande de Géographie. Notre savant collègue rassemble, avec un soin pieux, les vestiges de ce passé. Et, sous la maîtrise de sa profonde érudition, un peu de lumière éclaire les ancestrales manifestations de la vie française.

La mer remplissait alors tout l'estuaire; elle battait à la fois les falaises du Pays de Caux, le Nais de Tancarville, la pointe de la Roque, et toute la côte Sud depuis Berville jusqu'à Honfleur — les bancs actuels étant submergés.

Elle pénétrait si loin dans les terres qu'un gros bourg, aujourd'hui très distant du rivage, Montivilliers, formait un port où Charles V (d'après l'abbé Tougard) fit construire des barques.

En 1398, il y eut procès entre les paroissiens de Saint-Sauveur et les religieuses de Montivilliers. On reprochait à celles-ci d'avoir laissé annuler le *port Gaiffre* ou *port Gahiffre* qui « soulait estre en la dite ville et ouquel venoient les vesseaux »[2].

1. Aujourd'hui Lillebonne, que le retrait des eaux laisse bien loin dans les alluvions. D'autres archéologues l'appellent « Insulabona », ce qui justifie encore la réalité de son passé maritime.

2. Communication faite par M. de Beaurepaire à la Commission des Antiquités de la Seine-Inférieure.

Il y avait des bassins, jetées et installations maritimes à *Chef-de-Caux*, à la *Pointe-des-Neiges*, à *Leurre*.

Une autre ville paraît avoir été entre toutes florissante, en cet âge sur lequel la géologie, l'histoire écrite et les traditions nous fournissent des moyens de comput assez concordants.

C'est Harfleur, sur la rive Nord. Sa fondation est assurément antérieure à la conquête calète. Ce port domina longtemps la Basse-Seine ; car, dans les très antiques mémoires, on le trouve nommé « Souveraine place », « Clef de la mer ».

Harfleur atteignit son apogée sous les Normands, qui en firent une station navale. En 1040, on en voit sortir une flotte de 40 navires qui, sous le commandement du duc d'Harcourt, tenta de débarquer en Angleterre Edouard le Confesseur.

Philippe de Valois surveillait avec sollicitude ce port militaire qu'il considérait comme l'entrée du royaume.

Les « Castillans » y eurent de puissants entrepôts, de vrais docks que Charles V fit entretenir soigneusement[1].

Louis XI s'occupa aussi d'améliorer « sa ville d'Harfleur » dont les bourgeois recevaient de lui les adjectifs « chierz et bien amez ».

1. Le commerce entre l'Espagne et les ports de la Seine fut longtemps très actif. A Rouen il existe encore une « rue des Espagnols », près du quai et de la porte Guillaume-Lion.

Pendant quatorze siècles, Harfleur eut des chantiers et des ateliers de construction pour la marine de guerre.

Mais les rythmes terrestres déterminent la croissance et le déclin des cités, ainsi que des peuples. La Lézarde (rivière qui unissait Harfleur au golfe) dévia vers l'Ouest — comme tous les fleuves qui coulent du Nord au Sud — en obéissance à la rotation du Globe.

La puissance maritime de Harfleur décrut au bénéfice du « Hable de Leurre » d'abord — du « Havre du Hoc » ensuite — et enfin du « Havre de Grâce ».

Ce dernier port fut favorisé par François Ier qui voulait en faire une place de guerre. Les desseins de ce monarque furent continués par les rois suivants; et, sous Louis XIV, les Havrais obtinrent la construction du canal Vauban qui dérivait chez eux le principal affluent de la Lézarde. C'était la ruine définitive pour Harfleur qui perdait ainsi le contact de l'eau. Aujourd'hui cet antique port est à plusieurs kilomètres du chenal navigable de la Seine.

Sur la rive gauche de la Seine, des villes et villages, qui maintenant végètent, ont dû connaître une grande prospérité quand l'eau les baignait.

Pont-Audemer, Saint-Samson, la Roque, Toutainville [1], Conteville, firent assurément le petit cabotage,

1. Toutainville (*Thor sen Villa*) : ville du fils de Thor, étymologie norvégienne.

quand la Risle était un grand fleuve remplissant toute sa vallée (de la Roseraie à Foulbec).

Nous renvoyons aux monographies spéciales, en ce qui concerne « Pont au-delà de la mer », ville qui au XIIe siècle, dit-on, établit des relations commerciales avec l'Orient.

A la même époque, Fiquefleur, auquel sa rivière constituait un port, faisait la grande pêche et fournit plusieurs nefs, en 1340, à la bataille de l'Ecluse[1].

Le marais de Conteville contient un triège appelé « Le Magasin » ; et les vieux, dans mon enfance, racontaient avoir vu là les vestiges d'un grand dock-entrepôt-embarcadère.

L'histoire positive accorde à ce bourg de Conteville une importance assez grande. Au temps du comte Herluin on appelait Conteville « l'honneur de Sainte-Mère-l'Eglise ». On connaît assez peu l'épisode suivant, bien qu'il ne soit pas trop éloigné.

C'est à Conteville que fut élevé Guillaume le Conquérant, dans le château de son beau-père, le comte Herluin[2]. Et si on faisait des fouilles dans les fondations, galeries, fossés, souterrains et oubliettes de ce château, aujourd'hui rasé, il est à espérer qu'elles amèneraient de précieuses trouvailles archéologiques.

1. DELAVAUD. — *Bulletin de la Société normande de Géographie*, mars-avril 1881.

2. Herluin avait épousé Arlette, après le décès du duc Robert.

Le célèbre duc de Normandie fut certainement accompagné en Angleterre par quelques-uns de ses camarades d'enfance, pêcheurs, calfats, charpentiers de navires, paysans ou hommes d'armes. Et vraisemblablement les forêts de Saint-Pierre, Bois-Armel et Brothonne, fournirent une partie des madriers qui entrèrent dans la construction de la flotte.

Quand Guillaume mourut, on sait que son corps restait au prieuré de Saint-Gervais de Rouen, odieusement abandonné, sans sépulture. Alors, d'après la chronique du temps, un gentilhomme normand vint chercher le cercueil et, traversant la Seine à Vatteville[1], le porta (dans une charrette du pays) à Caen, à Saint-Etienne, où il repose.

Ce gentilhomme était le comte Herluin, qui rendait ainsi les derniers devoirs à son illustre beau-fils : une des étapes de ce funèbre voyage fut certainement Conteville[2].

En 1155, nous trouvons que le comte de Chester avait, à Conteville, droit de capture sur les poissons

1. Vatteville-la-Rue était une station importante entre la Haute et la Basse-Normandie, une étape de l'itinéraire général créé par les Romains en Gaule [route de Breviodurum (Brionne) à Lotum (Caudebec)].

2. Orderic Vital dit que ce transport eut lieu tant par eau que par voitures ; l'arrêt à Conteville n'est pas douteux : il était logique d'abord, et ensuite la barque de Vatteville n'eût pas affronté la Manche.

à couenne (marsouins). Ce droit de « vasce » était privilège ducal [1].

La pointe de la Roque présente des grottes qui furent certainement habitées par des peuplades maritimes, à une époque lointaine. On garde seulement le souvenir de la résidence que firent, en ces excavations, saint Germer et de pieux ermites qui obéissaient à sa règle.

Vatteville fut, d'après Guilmeth, la résidence favorite des rois mérovingiens qui y avaient construit un castel nommé « Arélaune ». Les Capétiens y possédaient aussi une métairie avec étables, haras et bergeries. Il y subsiste des débris de forteresses.

Après la conquête normande, Vatteville devint un port fluvial très florissant, garni de chantiers de constructions navales et de cales de radoub.

L'éminent archiviste du département de la Seine-Inférieure, M. de Beaurepaire, a trouvé, dans les registres du tabellionnage de Rouen, plusieurs contrats signés au xve siècle par les « maistres et bourgeois de nefs » de Vatteville.

Il cite [2], comme ayant fait l'armement et la « vic-

1. Conjecturer, c'est parfois éclairer l'histoire : il serait donc intéressant de savoir quels liens d'origine rattachaient à Conteville ce comte de Chester. N'avait-il pas, dans son ascendance, un fils d'Herluin et de sa première femme ? (c'est après veuvage qu'Herluin avait épousé Arlette).

2. Communication à la Commission des Antiquités de la Seine-Inférieure.

tuaille des navires », les familles Buhot, Delisle, Fleury, Le Margé, et surtout les De Chef d'Hostel qui représentent une vraie dynastie.

Villequier possédait aussi un petit port renommé pour ses excellents charpentiers de navires et calfats.

Quillebeuf était déjà une place importante lorsque Philippe-Auguste la réunit, en l'an 1200, à la couronne de France. Henri IV voulait en faire un port de défense pour la Seine. Les marins et pilotes de cette vaillante ville étaient à ce point attirés par la mer, tellement sujets à y faire de longs séjours, que leurs femmes s'étaient vite habituées au gouvernement absolu du ménage. Le jour des noces, il était d'usage que le mari donnât à sa femme procuration générale pour administrer et même vendre tous les biens de la communauté ou du patrimoine.

Tancarville eut longtemps pouvoir sur la Seine. Les seigneurs de ce lieu possédaient trois bacs pour traverser le fleuve, et, d'après Fréville, exerçaient la *Vicomté de l'Eau*, de Quillebeuf à Honfleur. Ils avaient droit de pêche et de varech, et percevaient certaines taxes sur les navires.

Le Havre est un port moderne qui n'a point fait grande figure au moyen âge. Les historiens locaux affirment qu'en 855 une flotte normande séjourna dans la crique de Graville (Fossa Guiràldi); mais Fréville paraît en douter fort.

Les seuls noms de marins que l'on puisse rapporter au Havre sont les suivants : Pierre Le Roy, sieur du Mey, « capitaine entretenu pour le Roi en la marine du Ponant », amiral de la flotte pour l'année 1646 — Nicolas Le Roy du Mé d'Aplemont, qui fit campagne en 1671, contre les corsaires de Barbarie, à titre de commandant l'escadre du Roi.

Une châsse de plomb contenant le cœur de ce dernier a été retrouvée, en 1866, dans l'église de Saint-Laurent-de-Brèvedent.

Le Havre eut du reste longtemps une existence précaire qui ne lui permettait guère longues pensées et vastes desseins. C'était une pauvre station de pêcheurs (appartenant au sire de Graville) souvent dévastée par les « males marées »[1]. Ce fut seulement en 1541 que le gouverneur de Honfleur, Guyon Leroi, fut chargé par le Roi d'organiser là un endroit capable de « loger et maréer les grands navires ». A sa fondation le Havre s'appela « Ville françoise ». Son essor commercial date de la constitution des grandes personnes juridiques qui s'appelèrent « Compagnie des Iles — Compagnie des Indes orientales ».

Dès la plus haute antiquité, les marins de Honfleur (la « Petite Chine », suivant un dicton inexpliqué) prirent possession de la Manche et s'aventurèrent loin des côtes.

L'arrivée des Northmans sur les rivages neustriens, l'infusion de leurs énergies dans le sang honfleurais, constituèrent un levain par quoi furent augmentées

1. Une de ces marées noya et détruisit Chef-de-Caux.

encore la puissance de sève, l'effervescence, la vertu d'essaiement qui régnaient dans ces parages.

Du xe au XIIIe siècle, la Normandie a une histoire autonome : on signale la présence des « pirates » (ce mot était alors synonyme d' « amiral » « capitaine ») sur beaucoup de littoraux d'Europe. Mais, entre autres directions, il y eut certainement un courant très actif d'échanges entre les ports de la Seine et les côtes norvégiennes. Les Sagas sont très explicites à ce sujet (Saga d'Olaf — Saga de Harald-Harfager). Guillaume de Jumièges affirme que le roi de Norvège (saint Olaf) vint rendre visite au duc Richard Ier. Fréville[1] admet que Sigwathur, sénéchal de roi Olaf Trigweson, vint établir des relations commerciales avec l'essaim de ses nationaux installés aux bouches de la Seine. Ce fait est d'ailleurs de toute vraisemblance, les rapports entre la métropole et une colonie, demeurée pour ainsi dire indépendante de France, n'ayant pu être de suite rompus. Longtemps du reste, les immigrants parlèrent la langue des scaldes norvégiens.

Aussitôt que l'histoire de Normandie se confond avec l'histoire de France, les Honfleurais apparaissent chez nous comme jouant un rôle de haute importance.

Ce sont des marins déterminés, d'intrépides explorateurs passés maîtres dans le grand négoce inter-

1. *Mémoire sur le Commerce maritime de Rouen.*

national. Autour d'eux leur influence est considérable. Les voisins, tous les ripuaires du golfe, sont entraînés dans cette vie commerciale si intense, participent à cet essor maritime.

Il nous a été donné de consulter les minutes du tabellionnage d'Auge[1]. On y relève de véritables contrats d'armement, des tiercements (association au tiers), des affrètements ou naulages, des charte-parties, des prêts « à la grosse aventure »[2] consentis par des capitalistes de tous lieux, mais surtout par des banquiers de Rouen, à des propriétaires de barques, « gens du mestier de la mer », qui s'en vont au loin tenter la fortune. Ouvriers, laboureurs, domestiques de ferme, s'engagent pour aller *en des pays que prudemment on ne nomme point* — « aux lieux convenus », dit l'acte — ou bien « pour le véage — ou encore « *pour la coste de l'aval* ».

Les contractants ne savent pas signer : qu'importe ! chacun d'eux figure, par un petit dessin fruste, les insignes de sa profession (par exemple : le forgeron met un marteau ; le pêcheur, deux poissons enlacés ; le charpentier, une scie ; le bûcheron, une hache). Et le notaire accompagne chaque dessin d'une annotation : « ceci est la signature de X... », et il paraphe.

Parfois le contrat porte de véritables engagements

1. Avec l'aide bienveillante de M. Bréard, notaire à Honfleur, à l'érudition de qui tout le monde rend hommage.

2. Notre code de commerce a gardé et réglementé ce « contrat à la grosse ».

par serment. Les compagnons se jurent aide et fidélité, promettent, en formule solennelle, de mutuellement se défendre contre les « mauvais navires ».

Et les voilà partis !

Quelle hardiesse, quel sang vivace, quelles âmes cela suppose ! Quelles merveilleuses facultés pour les découvertes et les aventures à travers l'inconnu de la Planète...

C'étaient des virils que ces serfs de la glèbe, transformés soudain en écumeurs, en capitaines, en « admiraux », en chefs de factoreries, parfois en rois de tribus.

Des essaims de navigateurs quittaient périodiquement les criques de la Seine : d'autres flottilles rentraient du large, apportant marchandises, butin, richesses.

M. Pierre Margry, dans son savant livre sur « les navigations françaises », établit victorieusement que les marins rouennais et dieppois connurent, bien avant les Portugais, la côte ouest d'Afrique. Leur présence y est signalée, d'une façon indubitable, dès 1364. Les « nobles hommes et gentilz mariniers » de Honfleur participèrent, cela ne paraît pas douteux, à ces audacieuses expéditions qui passionnaient tout le littoral.

Les minutes des tabellionnages contiennent des quittances par lesquelles, souvent trois ou quatre ans après leur départ, les armateurs-aventuriers remboursaient leurs bailleurs de fonds avec des primes considérables [le taux de l'intérêt est en général 40 p. 0/0 pour Terre-Neuve et le Canada, 55 p. 0/0 pour l'Afrique, 100 p. 0/0 pour le Brésil — « haultes adventures », expliquent les contractants][1].

La plupart de ces chefs, appelés « maîtres après Dieu », ou capitaines de la navire », sont inconnus : leurs noms ont sombré dans l'oubli. On a cependant gardé le souvenir de quelques hardis compagnons : nous consacrerons à chacun de ceux-ci une courte notice :

Binot-Paulmier de Gonneville. — M. d'Avezac a publié un récit fort exact et bien documenté de « la campagne du navire l'*Espoir* de Honfleur (1503-1505) ».

Flacourt écrit que le capitaine Binot-Paulmier était de la famille du seigneur de Buschet, fief et seigneurie dans la paroisse de Gonneville-lès-Honfleur. M. Bréard croit devoir rectifier cette généalogie, et soutient que l'appellation « *de* Gonneville » n'est point particule nobiliaire, mais simple indication d'origine. Quoi qu'il en soit, roturier, « honorable homme », ou « noble homme », Binot-Paulmier n'en est pas moins un marin de toute vaillance qui augmenta le patrimoine de gloire de son pays.

Sur quelles côtes avait atterri le navire l'*Espoir* ?

1. *Documents de la marine marchande*, aux XVIe et XVIIe siècles, par Charles et Raoul Bréard.

Longtemps énigme, cette question est maintenant résolue : ce fut au Brésil.

L'itinéraire de ce voyage célèbre est pleinement reconstitué ; mais il paraît avéré que l'illustre navigateur en accomplit un second, vers des rivages inconnus. Lesquels ? Il y a là un mystère qui n'est pas éclairci : il faut en attendre la solution de recherches méthodiquement conduites à travers les états civils, les archives, les minutes des tabellionnages.

Jehan Denis a été signalé, par un explorateur vénitien Ramusio (qui écrivait en 1550), comme ayant visité, en 1506, l'île de Terre-Neuve, et reconnu, en 1519, les côtes du Brésil. Un des atterrages de Terre-Neuve porta longtemps ce nom : « Havre de Jean Denis », ainsi qu'en témoigne un fragment de manuscrit conservé à la Bibliothèque nationale. Revenu au pays, après fortune faite, Denis se retira dans une propriété (voisine précisément du Buschet, résidence de Binot-Paulmier), entre « Honnefleu » et Gonneville ; cette propriété existe encore sous le nom de « Manoir du Désert ».

Elie Chaudet trafique également au Brésil et au Canada, vers 1545. Homme d'une rare audace, il joue un rôle politique important. Calviniste déterminé, nous le voyons s'emparer de Honfleur et le brûler en partie. On l'appelait le « Roÿ-Chaudet ». Il possédait une flotte de guerre : et l'on trouve un galion *Chaudet* dans la division d'escadre qui fut réunie afin de transporter Henri II du Havre à Honfleur, en 1550. Il est plus que vraisemblable que c'est lui qui, d'accord avec Coligny, organisa (de Honfleur au Brésil), par le navire *Grande-Roberge*, l'exode de Bois-le-Comte et des ministres huguenots de Genève (en 1556).

Pierre de Chauvin : âme de « conquistador », très entreprenant, esprit plein de ressources et de finesse : il eut à sa solde une flotte qui exploitait Terre-Neuve et l'embouchure du Saint-Laurent. A la pêche à la morue il adjoignit le commerce des pelleteries et paraît avoir amassé une grosse fortune. Il obtint de Henri IV le privilège exclusif du trafic « au Canada, sur les costes d'Acadie et autres costes de la Nouvelle-France ». Armateur et gouverneur, il prétendit organiser le Canada comme colonie française. Ce fut le Dupleix du Nord. La mort le surprit au milieu de ses vastes entreprises. Son œuvre fut continuée par Pont-Gravé et Champlain.

Pont-Gravé (ou Dupont-Gravé), capitaine pour le roi en la marine du Ponant, fut d'abord l'associé de Chauvin. Après la mort de ce dernier, il obtint des lettres patentes pour la mise en valeur du Canada.

Il fit plus de vingt fois le trajet de Honfleur au Saint-Laurent ; Champlain l'accompagnait, et, sans nuire à la gloire du célèbre Saintongeois, on peut dire que le capitaine honfleurais eut une très large part à la fondation de Québec et à la constitution de la Nouvelle-France Pont-Gravé habitait Honfleur, paroisse Saint-Étienne.

Il donna ce nom : *Saint-Étienne* au navire sur lequel il transporta, en 1615, les premiers missionnaires (Récollets).

Dans la cité des Trois-Rivières, une des plus vieilles du Canada, on garde encore le souvenir de Pont-Gravé : une des rues porte même son nom.

De la Rocque (alias Roberval) conduisit, en 1542 (avec le sieur de l'Espinay, avec Jean Alfonse et avec de Sennetere), une expédition au Canada.

Pierre Le Normant, sieur de Beaumont et de Bois-Fourmerot, n'était pas de Honfleur, mais de Corneville-sur-Risle. C'est à Honfleur cependant qu'il prépara, en 1582, l'expédition de Strozzi aux Açores, épisode trop peu connu du règne de Henri III, lequel montre l'intrusion de Catherine de Médicis dans les affaires de la succession du Portugal.

Les familles Barbel et Pallier nous présentent plusieurs générations de braves marins, à la fois armateurs, traitants et corsaires, dont les navires eurent souvent maille à partir avec les capres hollandais et les frégates anglaises, au XVIIe siècle.

Pierre Berthelot (en religion Denis de la Nativité) fut un savant cosmographe qui dressa de précieuses cartes nautiques. Marin, au début de sa vie, il explora les côtes de Sofala, de Madagascar et de Malacca, prit du service pour le compte du roi du Portugal qui le nomma « Pilote Major des Indes ».

Devenu moine du Carmel, il subit le martyre à Sumatra, en 1638.

François Doublet, apothicaire, délaisse la pharmacie pour la navigation. En 1663, il est accrédité, par la Compagnie de la Nouvelle-France, pour mettre en valeur les îles « Saint Jean », des « Oiseaux » et de « la Madeleine ». Il exploite des gisements de plomb dans les « costes de Gaspie », et a l'intuition très exacte des richesses minières que contient le sol du Nouveau-Monde. Ayant échoué là, faute de moyens d'action, nous le retrouvons, en 1668, associé à des marchands qui tenaient factoreries à la côte d'Afrique.

Jean-François Doublet, fils du précédent, est un Honfleurais célèbre. Il fit son apprentissage sous les ordres de son père, au Canada et à la côte d'Afrique. Marin de l'État, Doublet servit sur l'*Alcyon* que commandait Jean Bart. Entre deux commandements sur la flotte, il s'adonnait aux expéditions commerciales. Dans les dernières années du XVIIe siècle, on le voit naviguant aux Açores, aux Canaries, aux îles de l'Ascension, sur la côte du Brésil, au Cap Horn et au Chili.

M. de Beaurepaire, archiviste de la Seine-Inférieure, a retrouvé le manuscrit original dans lequel Jean-François Doublet note ses aventures et tient son journal de bord.

Nous avons pu compulser ce précieux document qui est aux archives départementales. L'écriture appuyée, les lignes sinueuses, les lettres bien liées et trapues indiquent un caractère solide, uni à un esprit délié, déductif, plein de ressources. Des cartes, dessinées par Doublet, donnent d'inappréciables documents sur les pays visités.

La lecture de cet in-folio est du plus puissant intérêt et offre une saveur particulière. Elle fait bien voir ce que fut Doublet, un excellent exemplaire de Normand : fin et brave, énergique autant que prudent, alliant à doses égales le bon sens, la gaieté, le sang-froid et la résolution.

Le manuscrit commence par ces mots, fort élogieux pour la généalogie de l'auteur : « Mon père, que Dieu aye à sa gloire, se voyant un grand nombre d'enfants, restant encore saize bien vivants, et en état avec son épouse d'augmenter... »

Le célèbre corsaire raconte ses légendaires exploits pour distraire ses enfants et petits-enfants. Sa famille habita longtemps Honfleur et les environs. Les personnes de ma génération ont pu, comme moi, rencontrer souvent à Honfleur un de ses derniers descendants, M. Alexandre de Naguet de Saint-Georges.

Les limites de cette communication ne nous permettent pas de consacrer une notice biographique à tous les navigateurs et capitaines honfleurais [1].

1. Nous avons entendu affirmer que Jean Cousin était né à Honfleur : mais ce n'est pas prouvé. Ce qui est démontré, c'est que sa célèbre expédition vers l'Amérique (1488) fut organisée à Honfleur.

Cependant, nous ne pouvons passer sous silence : JACQUES LELIÈVRE qui fit au XVIIe siècle une expédition aux îles de la Sonde ; — les PRÉMORD qui armèrent pour la Compagnie royale du Sénégal, qui firent « train et trafic de marchandises par terre et par mer », qui furent convoyeurs du sel pour le royaume de France et se chargèrent de l'approvisionnement de Québec — STUART SIMÉON — DESGARCEAUX — JEAN-BAPTISTE BAUSSART — MOREL BEAULIEU — enfin les amiraux MOTARD, DE CHAILLEY et HAMELIN dont les noms nous amènent aux temps modernes.

On le voit, c'est toute une pléiade de braves gens de mer. Lisant ce que l'histoire nous a conservé d'eux, on ne peut se défendre d'un sentiment de fierté ; et il est permis d'éprouver la plus patriotique émotion.

La France a vraiment le droit de s'enorgueillir de pareils enfants. Leur énergie calme, leurs facultés d'endurance, l'ingéniosité de leur esprit, leur opiniâtreté, ce sont là vertus tout à l'honneur de notre race.

L'époque héroïque est passée. La rumeur de cette admirable activité s'est éteinte : Caudebec, Lillebonne, Vatteville, Pont-Audemer, Conteville, Harfleur, Leurre ne sont plus des ports et vivent à petit bruit, végètent même. La Risle est devenue presque un ruisseau.

Honfleur défend avec peine ses bassins, son avant-port contre les vases et fait effort pour prolonger, à travers les dépôts alluvionnaires, ses jetées jusqu'au chenal.

Le Havre qui, dans les desseins de son fondateur, devait être arsenal de guerre, est devenu une place commerciale qui, après avoir longtemps absorbé le trafic de la Seine, se débat maintenant à la fois contre le problème hydrographique et les difficultés de la circulation générale.

Durant près d'un siècle, la Seine ne fut plus accessible aux puissants navires modernes. Mais l'établissement de digues longitudinales lui rendit les grandes profondeurs. Et cette belle nappe d'eau « chemin qui marche », de Rouen à la mer, commence à reprendre, avec sa fonction économique, un rôle dans la vascularité du Globe.

L'achèvement prochain de la digue sud, jusqu'à Honfleur, rendra, espérons-le, sa prospérité à ce vaillant petit port — auquel la patrie doit bien quelque chose pour la gloire qu'à travers les âges il lui a conquise, pour la puissance coloniale dont il l'a dotée.

L'œuvre maritime des anciens maîtres de chaloupes doit être continuée. Elle le sera, pour le plus grand profit de la nation, sous la forme militaire autant que sous la forme commerciale. L'estuaire répondra toujours à cette double nécessité.

La Basse-Seine doit être à la fois : un port marchand — un arsenal — et un refuge. Ils l'avaient bien compris, les pilotes des vieilles escadres qui affectionnaient les plages séquaniennes, parce que, là, ils n'avaient à surveiller que pendant les heures de haute mer, leurs navires restés à l'abri le reste du temps.

Cette idée d'assurer, par le golfe de la Seine, la sécurité à nos flottes, toujours hanta la pensée des rois et des ministres. Louis XI ordonna une enquête approfondie à ce sujet. Les chroniques rapportent que le grand patriote Dunois remplit sur les rives de la Seine, pour le compte du roi, une mission d'ingénieur et d'homme de guerre.

Richelieu donna une mission pareille à M. d'Infreville, commissaire général de la Marine. Et Colbert, en 1668, écrivait à Duquesne : « Sa Majesté veut que le sieur Duquesne examine la retraite du Hoc, la rade et le port d'Honfleur. »

Le désastre de la *Hougue* démontra l'insuffisance des ports océaniques et proclama la nécessité de faire de la Seine une vaste rade fermée.

La même pensée de défense nationale conduisit plusieurs fois à Berville, vers 1855, les amiraux et ingénieurs de l'État. Il me souvient d'avoir assisté, dans ma prime enfance, à l'une de ces venues officielles.

Le rôle de cette magnifique artère n'est pas terminé. Si la logique gouverne le monde, la vie nationale, en sa pérennité, a besoin toujours des mêmes viscères : et c'est pourquoi le passé nous répond ici de l'avenir.

Avant peu, dans l'embouchure, l'homme aura discipliné les forces marines et substitué, à l'état de nature, un système scientifique.

La Seine restera ce qu'elle fut, un organisme précieux pour le pays, servant à la fois la prospérité générale et le salut public, donnant accès et protection aux flottes de commerce comme aux escadres cuirassées.

Ainsi sera perpétué, sous les temps nouveaux, le labeur des braves gens de Honfleur et de Harfleur.

Ce cirque de l'estuaire, aux lignes rouges et bleues, ce décor vaste servira longtemps encore de théâtre à la vie des Normands — pour la gloire de la Patrie.

Devant la Minéralité morne, au pied de ces montagnes que sculpta l'Age crétacé, le Genre Humain s'agitera.

LE RETOUR

(5 juin 1910.)

Le 30 mars 1897, Rouen fit au Norvégien Nansen, retour du Pôle Nord, une réception enthousiaste.

La vieille métropole maritime se devait à elle-même de fêter également un vaillant Français, retour du Pôle Sud. Elle n'y a point manqué.

Un frisson parcourt le port et la ville aussitôt la nouvelle reçue que Charcot choisit le quai de Rouen pour y reprendre contact avec le sol national.

Municipalité, Société de géographie, Chambre de Commerce rivalisent de zèle. Les maisons se fleurissent de drapeaux, tandis que les navires arborent le grand pavois.

Dès le matin, une flottille de steamers, voiliers, yachts, yoles, appareilla pour aller, en Seine, au devant de l'explorateur.

Tous veulent le rencontrer, l'aborder, se mettre dans son sillage, après avoir échangé avec lui les signaux de bienvenue.

Ils lui présenteront le salut du drapeau — beau geste qui, dans son mutisme, est plus éloquent qu'un discours, plus prenant qu'une pression de mains, plus fraternel qu'une accolade.

Une dépêche vient d'annoncer la montée du *Pourquoi-Pas?*

Pourquoi-Pas ?... quel joli nom de défi, d'élégante hardiesse ! Le petit navire a crânement affronté les mystères redoutables et posé, au front de l'Antarctique, son coquet point d'interrogation.

Charcot pouvait-il choisir, pour rentrer en France, une porte plus triomphale que notre estuaire ? Quel peuple possède, sur l'Océan, un Huis pareil ?

La Hève affrontée à la Côte de Grâce, Berville s'avançant vers le Hode, La Roque faisant face au nais de Tancarville : n'est-ce point un sextuple vantail ouvant sur l'Immensité ?

Oui ! voilà bien le Porche sublime par où l'on entre dans la Maison de France.

Et notre Baie forme le parvis, le salon de réception où la Patrie vient saluer ses hôtes, recevoir ses fils.

Les rives de la Seine représentent nos Propylées, une Voie Appienne où se racontent les hauts faits de la race.

En ce moment même, mille souvenirs d'héroïsme et de gloire se lèvent, de minute en minute, au passage de l'explorateur.

Voici Honfleur, la célèbre cité médiévale, patrie d'intrépides marins.

C'est d'ici que partirent les « *capitaines de la na-*

vivre », les « *nobles hommes et gentilz mariniers* » qui, dès le quatorzième siècle, bien avant les Portugais, reconnurent le littoral africain.

Au pied de la « Lieutenance » s'embarquèrent : Jean Cousin, pour l'Amérique (en 1488, avant Colomb !) ; Binot-Paulmier, pour le Brésil ; Berthelot, pour Madagascar et Sumatra ; Champlain, Pont-Gravé, Jean Denis, Chaudet, pour le Canada et Terre-Neuve, etc...

Ne semble-t-il point que les mânes de ces valeureux navigateurs s'éveillent, se dressent, pour dire à l'explorateur et à ses compagnons : « Vous faites ce que nous avons fait ; en votre chair palpite toujours le vieux levain inaltéré de l'essaiement et de la découverte. Salut à vous qui revenez ! »

Après Harfleur, voici Lillebonne, Juliobona, le port séquanien que fonda Jules César.

Un jour comme celui-ci, en 1080, Guillaume le Conquérant entre, lui aussi, en Seine à la tête d'une flotte somptueuse et vient débarquer à Juliobona pour y célébrer son triomphe sur l'Anglais.

Voici Kilboë : c'est là qu'au neuvième siècle les vikings scandinaves mirent pied à terre ; et le choc de leurs semelles se répercuta sur l'univers, en longue commotion.

Par ici, les tours de Jumièges ; plus loin, Saint-Wandrille : savants de l'expédition antarctique, inclinez-nous devant ces vénérables monastères qui furent, parmi les Barbares, de pieux conservatoires de la science antique !

Par ici, Arelaune (ville des empereurs romains Constance et Constantin), dont les Mérovingiens firent une résidence princière.

Au Val-de-la-Haye, saluez cette colonne élevée à l'endroit où fut déposé le cercueil de l'illustre conquérant — Napoléon fit aussi sa rentrée au pays par la Seine.

France ! Les morts eux-mêmes veulent revenir à toi...

Presque en face, voici le monument des Mobiles de 1870, lequel atteste l'impérissable valeur de la race : il commémore une victoire française sur les Prussiens, victoire éphémère, hélas ! victoire lamentable et sublime... — grandie par tous les désastres qui l'entourèrent.

En ce temps-là, notre France eut donc des fils qui, malgré les défaites, combattaient encore; qui, dans le désespoir universel, espéraient toujours; qui, sans reculer, faisaient front jusqu'à la mort...

« Ah ! les braves gens... »

Découvrez-vous devant Petit-Couronne où vécut modestement Corneille. Et jetez un regard au pavillon Faubert.

Songez que, là-haut, à Bonsecours, dort Heredia, chantre des conquistadors, de ces aventuriers qui

> ... regardaient monter en un ciel ignoré
> Du fond de l'Océan des étoiles nouvelles.

O poète des *Trophées*, ceux qui arrivent ne sont point conquesteurs de rivages, maîtres d'esclaves ou chercheurs d'or. Ce sont des champions de la science. Autrement que leurs devanciers et cependant pour des fins pareilles, ils ont travaillé à ce grand œuvre : reconnaissance de la Terre, union de l'Humanité avec sa Planète.

Compagnons de Charcot, vous allez tout à l'heure longer des quais et des rues qui portent des noms célèbres dans les annales de l'exploration : *Cavelier de la Salle, Jean de Béthencourt, amiral Cécille, de Blosseville.*

Tous normands, ces noms-là ; grands noms de la race... Nous les avons inscrits chez nous comme dans un Panthéon, pensant pieusement à cette devise : *Nomina, numina.*

Ce sont eux qui accueillent les hardis pionniers du Pôle.

... Le cortège naval, précédé par deux torpilleurs, passe sous l'altier transbordeur — silhouette inquiétante par son écart démesuré. Or, c'est l'arc de triomphe moderne, superbe en la sécurité de son épure géométrique, en la résistance bien calculée de ses aciers.

Voici nos hôtes dans le port, dans l'emporium moderne, tumultueux, charbonneux, retentissant de rumeurs et de cris.

Usines pétrolières, chantiers sombres, hangars, docks massifs, cité noire, on peut voir tout cela avec des yeux d'artiste, en cette heure d'exaltation patriotique. On peut connaître la beauté de cet éploiement, en percevoir le lyrisme.

Un port en activité, n'est-ce pas un chef-d'œuvre ordonné ? N'est-ce pas un poème ? Celui de la Force animée qui a les apparences d'une conscience.

Voici des steamers aux gigantesques superstructures qui entrent, sortent, virent, emportés par leurs ailerons d'acier — grosses abeilles chargées ou avides de butin, qui bourdonnent à l'orée de la ruche.

Voici des remorqueurs empanachés de vapeur, hurlant de toutes leurs sirènes, qui accrochent les pontons-grues et les mènent au travail. Ces hautes grues s'incurvent en col de girafe ; agrippées aux navires, elles commencent à fouiller leurs flancs.

Cent bennes automatiques enlèvent d'un geste aisé d'énormes fardeaux, les déposent doucement et se relèvent avec grâce.

Le Transbordeur promène diligemment sa nacelle d'un bord à l'autre, semblant comprendre son travail de navette.

Cavales aux poumons caverneux, les locomotives sifflent, hâlent, halètent, en un souffle de forge, fixant sur les lointains leur œil de cyclope.

Des cars électriques glissent, filent, tintinnabulant.

Il paraît animé, vraiment, cet ensemble de mécanismes, où palpite l'électricité captive, où gronde la vapeur esclave.

Plus hautes que les pyramides, voici des cheminées d'usines, que couronnent des vomitoires de fumée.

Comparez la mimique de ces gestes, la beauté de cet « ahan » gigantesque, l'idéalité de toutes ces rumeurs. C'est la chanson de la Force, l'épopée de l'Energie soumise à l'homme. Ce port qui s'agite, s'évertue, travaille, n'est-ce point Prométhée enchaîné?... ou Samson tournant la meule?...

Une ville au travail, c'est plus beau que tous les temples, la vie étant plus belle que la mort.

Elevés sur des tertres, cathédrales, palais, beffrois, planent sur toute cette scène, dressant, comme fond de tableau, l'harmonie de leurs formes, l'héroïsme de leurs proportions, la lourde majesté de leurs masses, la signification de leur existence.

Ils disent, tous ces monuments, que la foule qui les édifia était à la solde de grands armateurs, commerçants, industriels, colonisateurs.

Ils proclament que les temps ne sont pas changés, que le sens de l'évolution reste toujours le même et que l'art est uniquement de l'énergie en floraison.

... Les torpilleurs s'écartent pour donner passage au petit navire chargé de gloire.

Charcot débarque. Il va nous raconter son odyssée.

Les représentants de l'opinion publique vont lui répondre qu'il n'a pas démérité des vieux navigateurs normands — et qu'il a bien mérité de la Patrie.

POUR LES MORTS DE 1870

SUR LA TOMBE DES MORTS

INAUGURATION DU MONUMENT
DE MOULINEAUX

COMMÉMORATION DE L'INAUGURATION
DU MONUMENT DE MOULINEAUX

4*

SUR LA TOMBE DES MORTS

Le Souvenir Français.
L'entretien des tombes des soldats et marins morts pour la Patrie.

Ce sont là, Messieurs, des paroles qui vont au cœur de tous les patriotes. Ce sont des mots évocateurs.

Aussi, lorsqu'on a bien voulu me faire l'honneur de m'inviter à présider votre séance annuelle, ma pensée s'est immédiatement reportée à l'année funèbre, à ces jours détestés de 1870, où les tombeaux couvrirent la France, où le sol des aïeux fut de toutes parts creusé pour recevoir les enfants tués à l'ennemi.

Etant l'un des survivants de cette tourmente, échappé à cette hécatombe impitoyable, ayant fait partie de ces petits moblots déguenillés sur lesquels porta, en ce sinistre hiver, presque tout l'effort de la guerre, j'ai revu les camarades ensevelis de mes mains.

J'ai revécu les angoisses, la tristesse des adieux faits aux défunts parmi la neige, la boue et le sang.

J'ai revu toute cette jeunesse tuée sans merci.

J'ai reconnu des mères endeuillées, lamentables, à genoux sur un charnier commun.

Tout ce lugubre passé a opprimé ma mémoire.

Et alors, Messieurs, votre œuvre m'est apparue grande, réconfortante, faite de piété nationale, de douleurs inconsolées, d'indestructible foi en nous-mêmes.

Toute nation est dans l'obligation d'honorer ses morts : la Patrie est une famille qui doit une tombe à ses enfants, comme elle leur doit un berceau.

Et il convient que cette tombe soit décente autant que respectée.

Les morts vont vite, dit-on. Il faut que ceux-là demeurent, pour l'exemple des compagnons d'armes. En un sentiment de mélancolie douce, on songe à cette jonchée d'adolescents qui furent une parcelle de notre âme nationale.

Si, dans la génération nouvelle, il en est qui veulent oublier (convertis qu'ils sont, ou pervertis, par une philosophie d'internationalisme, illusionnés par je ne sais quel rêve de politique vaste), nous, les combattants de 1870, voulons nous souvenir.

Le pèlerinage annuel aux sépulcres nationaux est une haute et noble coutume dont vous avez bien fait de vous constituer les rénovateurs et les gardiens. C'est un enseignement permanent, une occasion de se redire des mots précieux.

« *Il y a une Patrie !* » telles sont les graves paroles que dit au passant la tombe d'un soldat. Et cette parole secoue le sybaritisme engendré par le luxe et le bien-être, trouble et déconcerte les lâches oublis, dissipe le doute et la crainte, arrache aux délétères suggestions du cosmopolitisme — ce dissolvant de toute énergie nationale.

« *Il y a une Patrie !* » Cette simple phrase nous éveille des léthargies mauvaises, nous éloigne de ceux qui conseillent l'abandon, qui préconisent la veulerie des réconciliations.

« *Il y a une Patrie !* »..... Et cette patrie, pour nous, c'est la France, c'est-à-dire la plus généreuse, la plus intellectuelle, la plus affinée de toutes.

Elle représente un patrimoine d'art, de science, de sentiment, de pensée, un trésor de bonté, de dévouement, de sublimités, un héritage d'afflictions, d'allégresses et d'espérances.

Oui, cette idée de patrie, on la ressent plus vivement qu'ailleurs, au bord des tombes nationales. C'est là que nous venons affirmer la solidarité des vivants et des morts ; c'est là que nous rendons hommage à la généalogie par laquelle nous sommes unis aux aînés qui ne sont plus.

Sur ces tombeaux, une Ame plane, qui engage avec nos cœurs ulcérés des entretiens consolateurs.

Ces bouches muettes nous parlent : il y a vers nous comme un regard de ces yeux clos sous terre.

Quelles choses nous sont dites et suggérées, là ! Quels graves et cruels enseignements !

« Rappelez-vous, disent les trépassés, rappelez-

» vous que vous avez le droit imprescriptible de » conserver et de défendre la France : c'est une » Race supérieure mal servie par l'instinct de sa » conservation ; elle s'est prodiguée, sacrifiée aux » chevaleresques entreprises. Il serait impie de » l'exposer davantage : pas d'aventures : l'Europe » a grièvement blessé le « soldat de Dieu », le » champion des justes causes : elle n'a plus rien à » lui demander. La France se recueillant avec les » victimes mortes n'a plus rien à dire aux victimes » vivantes : une fraction de la conscience humaine » s'est éteinte : une grande Voix s'est tue.

» Ne nous laissons point distraire (en Europe du » moins) de tout ce qui n'est pas le *spes unica*, » l'unique espoir. Toute alliance qui ne serait pas » cela, à nos yeux ne serait rien. Nos malheurs » inexpiés ne nous permettent qu'une politique, le » silence, et qu'une volonté, l'attente.

» France, souviens-toi de ton génie : souviens-toi » aussi de tes fautes — toujours les mêmes.

» Alouette Gauloise, tu n'as pas changé depuis » Vercingétorix : charmeresse toujours et toujours » imprévoyante.....

» O Patrie, ces charniers sont accusateurs : humi» lie-toi devant ceux de tes fils qui furent tes vic» times et qui expièrent tes erreurs. Pleure sur ces » enfants qui, mourant *pour toi*, n'ont pas voulu » savoir qu'ils mouraient *par toi ! Mater dolorosa*, » fais l'acte de contrition.

» Et fais aussi l'Acte d'Espérance : car ces » 200,000 têtes, fauchées en leur fleur, par la » Camarde, paraissent avoir apaisé les mystérieuses » haines d'En Haut.

» Ce sacrifice d'êtres vivants fut ce que les pen- » seurs anciens appelaient « l'Holocauste », la » Rédemption ».

Telle est la leçon des Morts.

Et il est bon, il est salutaire de l'entendre à certains anniversaires ; car la commémoration dans les esprits, c'est la communion dans les cœurs.

O chers défunts, dormez en paix le sommeil suprême ; vos restes vénérables nous sont sacrés.

Et, selon la touchante coutume des Orientaux, nous viendrons nous asseoir sur vos sépultures, en un mélange de douleur, de pitié et de joie attendrie : nous viendrons chercher près de vous le réconfort si nécessaire aux affligés.

Et voici que nous avons déjà éprouvé les bienfaits de l'humilité. Plus qu'une autre nation la France avait été victorieuse : depuis, elle a connu les revers, l'infortune des armes, la fière dignité des vaincus. La défaite est plus humaine que l'exultation des victoires. L'allégresse du triomphateur est extérieure : celui au contraire que le malheur a frappé se sent touché aux tréfonds douloureux, aux racines palpitantes de l'être.

Gardez, Messieurs, avec un soin jaloux, ces

ossuaires : ils représentent pour nous ces cuves d'ossements et de dépouilles, sur lesquelles nos aïeux prêtaient leurs serments solennels.

Ces tertres funéraires sont les tragiques silos où repose, inaltérée, intacte, une semence : *Le Souvenir*.

Les crânes et les cœurs, enfouis sous l'hypogée, sont les graines, les alvéoles d'où s'élève l'enthousiasme, d'où surgit l'esprit de sacrifice.

La Fosse qui reçut les cadavres des nôtres, c'est l'Antre de la Sybille d'où fusent et montent vers nous les résolutions héroïques, un enivrant éther, le magnétisme des belles folies.

Veillons sur nos tombeaux, mes compatriotes. La Terre natale est comme la crypte d'un vaste Temple, d'un Panthéon, où sont inhumés les héros, les Martyrs immolés pour le salut des autres, et pour leur gloire.

Ces soldats, ces marins, dont nous venons honorer la mémoire, ne sont-ce point les Mânes, les Dieux Lares de la France, vivante toujours ?

Un dernier mot :

Ce matin, sous les rayons du gai soleil d'avril, une fleur brillait, dans le cimetière dont vous avez la garde. Elle nous a parlé des résurrections promises, de la pérennité de la Race.

Et alors, en la voyant, n'avez-vous point pensé qu'au jour fatidique d'un Printemps écrit dans le

Destin, nous verrions apparaître devant nos yeux extasiés, nous verrions sortir de terre et s'épanouir, à la surface du Temps, cette impérissable et mystique Fleur qui croît même sur les ruines et qui s'appelle : *La Justice ?.....*

INAUGURATION DU MONUMENT DE MOULINEAUX

(11 août 1901.)

Le 30 décembre 1870 et les jours qui suivirent, un sergent de la 5e compagnie du 2e bataillon des mobiles de l'Eure faisait partie des troupes engagées contre les Prussiens, en cette série de combats qui eut lieu depuis la Maison-Brûlée et Moulineaux jusqu'au plateau d'Orival.

Du mieux qu'il put, il fit son devoir.

Ce sergent est aujourd'hui devant vous.

C'est lui qui a l'honneur insigne de porter le premier la parole, de rappeler le souvenir de ses camarades défunts, et, devant cette statue voilée, d'évoquer l'angoissant mystère de la mort — de la mort du soldat.

Avec quelle émotion il le fait!... Vous le devinez sans peine...

Quelles pensées viennent assaillir sa mémoire, opprimer son cœur! Sensations philosophiques d'une intensité poignante :

Traverser à nouveau cette vieille forêt de La Londe; passer le long d'une haie; regarder un arbre; fouler le talus d'un chemin, et se dire :

« J'aurais pu être tué ici, enfoui là ; les racines de cet orme m'auraient servi de cercueil... »

Et puis, d'autres réflexions :

« Où sont-ils, les amis, les frères d'armes? Pourquoi fus-je épargné? Pourquoi pas eux? »

Combien sont disparus!

Décimés par les balles et les obus; succombant au froid, aux intempéries, aux maladies contractées à la guerre; enlevés par l'implacable faulx du Temps...

Ils se font rares, en effet, les survivants de l'année terrible... Et, quand ils se rencontrent dans la vie, c'est avec un mélange de joie et de tristesse qu'ils parlent ensemble de leurs postes de combat : *Orival*, *La Londe*, *Château-Robert*...

Nous y voici revenus... non plus sous les haillons qui couvraient mal nos corps exténués, non plus les pieds dans la neige, l'œil inquiet, le doigt sur la gâchette du fusil, harcelés par l'ennemi et par l'espion, — mais en habits de fête, à côté des représentants officiels de la France, en présence de la femme française qui nous sourit, à l'ombre du drapeau.

Ce n'est plus un deuil. C'est un triomphe.

Le drame sanglant s'est évanoui : les années l'ont revêtu d'une auréole, d'une poésie. C'est une page de l'Histoire de France, la plus belle de toutes, la plus lyrique, la plus impressionnante !

La tragédie est devenue de la gloire.

Alors, devant nos yeux, surgit une figure : l'image auguste de la Patrie.

En cette sensation de vide et d'isolement que provoque le souvenir aux chers disparus, on éprouve le besoin de se reporter à un principe supérieur, de se rattacher à quelque centre commun des âmes. La Patrie, maternelle, apparaît comme le plus prochain de tous, le plus tangible.

La Patrie !... Nous sommes là pour y songer, au pied de ce monument. Et aussi, nous sommes bien pour la voir, en face d'un des plus beaux panoramas qui soient dans le monde.

Regardez ! La voilà... avec ses plaines fertiles, ses champs chargés de moissons, l'étendue profonde de ses forêts, la vaste coulée de son fleuve national, les grâces de son horizon, sa lumière si fine et si charmante.

N'est-ce pas qu'on a eu raison de dire : « Le plus beau royaume sous le ciel. »

Ce paysage, c'est le pays, — c'est notre pays.

Comment n'en être pas orgueilleux ! C'est pour le préserver, ce berceau de notre race, que le soldat expire, les armes à la main.

C'est aussi pour maintenir intact le patrimoine de science, de génie, de loyauté, de justice, d'enthousiasme, que créèrent les aïeux vénérables et qui est la gloire de l'humanité.

Voilà pourquoi nous révérons la mémoire des braves, des héros succombant pour la Nation. Voilà en quel sens nous avons la religion de la Patrie.

De ce culte, les monuments comme celui-ci sont les autels, les « lieux saints ». Nos fils y viendront, comme nous y venons, en pèlerinage, pour chercher des leçons de courage, des exemples d'abnégation et de dévouement.

Pieusement, ils épelleront les noms des victimes.

« Les morts vont vite », a-t-on dit. Oui, ceux dont la vie fut sans amour, sans sacrifice.

Mais ceux que nous saluons ici ne seront pas oubliés : ils demeureront. Pour qui sait voir les choses de haut, leur sort est enviable, car ils vivront dans la mémoire des hommes. Les annales de notre race garderont leur souvenir comme un immatériel et impérissable Panthéon.

Ils feront partie de cette Entité haute et sublime qui s'appelle « la France ».

Car il est vrai de dire que l'homme s'identifie et s'incarne à l'objet de sa mort.

Ah ! mes petits moblots de 1870, pauvres conscrits sur lesquels pesa si lourdement le poids de la guerre, vous vous êtes vaillamment conduits ! La Postérité sera fière de vous : elle vous mettra au même rang que le « régiment de Sambre-et-Meuse », le « bataillon de la Moselle en sabots », les « volontaires de

1792 », ces soldats improvisés qui n'avaient ni armes, ni équipements, ni munitions, ni expérience militaire, et qui pourtant ont conquis l'Europe.

Pas plus qu'eux, vous n'avez désespéré, alors que que tout semblait perdu.

Ainsi que vos devanciers, vous avez lutté, dans la misère, le dénuement, un contre dix. Car, en je ne sais quel Destin, il semble écrit que les exploits des Français doivent être accomplis dans d'étranges conditions d'infériorité qui les rendent presque miraculeux

Aucune race ne pourrait fournir ce maximum d'efforts et de témérité. C'est presque la réalisation de l'impossible, — un mot qui, paraît-il, n'est point de notre langue.

Adolescents de 1870, vous êtes les égaux de ceux qui se levèrent, à la fin du XVIIIe siècle, aux accents de la *Marseillaise*. Au combat, les uns et les autres, vous aviez l'estomac vide, le cerveau creux, mais le cœur plein et chaud de ce sang français qui n'a pas son pareil dans le monde.

... Messieurs, dans quelques heures, cette place sera vide ; la foule émue qui se presse ici sera dispersée.

Le soir viendra..... Et nous nous retirerons laissant, face à face, dans la nuit qui parle d'éternité, le monument de nos morts et la nature immortelle.

. . . .

Au Maire de Moulineaux.

Monsieur le Maire, voici notre statue. Je vous la remets, et la confie à votre garde. En vous présentant cette effigie, il me semble reconnaître un de nos camarades ressuscité.

Aux Députés de l'Ardèche et des Landes.

Honneur à vos fils, Messieurs, qui sont venus ici défendre le sol normand contre l'envahisseur. Les nôtres se battaient dans leur province, près de leurs foyers. Et je ne puis m'empêcher de remarquer cette péripétie qui les fait donner l'assaut au donjon violé de leurs anciens ducs. On eût dit que le lieu les inspirait, qu'une voix sortie de terre les incitait à prouver que les « gars normands » n'ont point démérité de leurs aïeux.

Mais ils furent aidés par des régiments venus de chez vous. — La vaillance de vos mobiles démontra l'unité de la Patrie, l'infrangible lien qui fait notre cohésion nationale, notre force.

Aux Sociétés patriotiques.

Comme les légendaires prêtresses de l'antiquité, ce sont elles qui entretiennent, sur l'autel de la Patrie, le feu sacré de l'héroïsme et qui perpétuent nos souvenirs en même temps que nos espérances.

Aux Enfants des écoles.

Et vous, les petits écoliers, vous avez entendu les Chants de la Patrie, les hymnes de deuil et de triomphe. Souvenez-vous de leur signification..... Vous avez chanté l'air ; n'oubliez pas les paroles. Elles seront votre viatique dans les chemins ardus de la vie.

Au Général Liebermann.

Mon Général, vous représentez ici officiellement M. le Ministre de la Guerre. Ne pouvant venir lui-même, il a délégué, pour tenir sa place, un divisionnaire comme lui, le plus haut grade, celui qui porte les trois étoiles. Veuillez transmettre au chef de l'armée l'hommage de notre reconnaissance.

Vous et les vaillants officiers qui vous entourent, vous apportez à nos morts l'expression de votre admiration compatissante. L'honneur est grand. Il n'est pas trop grand pour eux. Ils étaient de l'armée. Ils ont bien su mourir. Mon Général, au nóm de mes amis vivants et morts, merci.....

COMMÉMORATION DE L'INAUGURATION DU MONUMENT DE MOULINEAUX

(8 Juin 1903.)

Les inscriptions prêtent un langage aux monuments funéraires ; ils leur donnent une âme. La phrase célèbre : « Sta viator, heroem calcas » comporte une haute signification ; elle est évocatrice ; elle transforme le passant distrait en un penseur recueilli ; du promeneur insouciant, elle fait un philosophe pieusement ému aux idées de patrie, de dévouement, de sacrifice, de vie et de mort.

Nous n'avons pas voulu graver sur ce monument des paroles de haine et de vengeance ; nous n'y avons mis que des mots de souvenir ; or, nous voulons garder la mémoire du mal comme du bien et n'oublier jamais les ennemis de la France. On a bien fait de sculpter ici près un masque sinistre que tout le monde connaît. Il représente l'homme qui incarna la haine de l'étranger contre notre pays, le sombre génie de la destruction et de la mort. Ne perdons point de vue cette image ; car l' « Alouette » gauloise — puisque c'est là notre emblème historique —

demeure toujours environnée par les « aigles », toujours guettée par les « léopards ».

Elle continuera, certes, son chant joyeux : elle n'interrompra point ses trilles harmonieux et sonores qui disent à l'univers toute l'allégresse de vie, mais elle ne sera plus imprévoyante et légère : nous la voulons désormais vigilante, inquiète. Et, si elle monte toujours dans le ciel, attirée par je ne sais quelle vocation au zénith, si elle se complait en la haute atmosphère, ce sera pour regarder, de ses yeux très clairs, les lointains horizons, l'avenir, l'assomption des destins nouveaux.

Les anciens possédaient dans leur mythologie un symbole aussi charmant que profond : ils personnifièrent, dans *Minerve*, la déesse de la civilisation, des arts, du progrès. Or, la déesse de la raison avait le chef casqué : elle était armée du glaive, couverte par l'Egide.

Voilà ce que la France doit être : elle poursuivra sa mission pour le triomphe de la pensée, des arts, du génie, pour des œuvres de la paix; mais, sous le bronze, le fer et l'acier, sous la protection de ses régiments, sous l'égide de ses escadres cuirassées. Je me résume en deux phrases :

Honneur à la paix ! Vive la France armée !

CONSEILS AUX PETITS NORMANDS

CONSEILS AUX PETITS NORMANDS

(3 Août 1909.)

DISTRIBUTION DES PRIX A L'ÉCOLE COMMUNALE DES GRANDES-VENTES

J'ai accepté d'autant plus volontiers l'honneur de présider votre distribution de prix que la présente cérémonie me remet en mémoire des fêtes semblables qui furent, pour mon enfance, des jours ensoleillés. J'ai été, en effet, comme mes petits auditeurs d'aujourd'hui, élève de l'école primaire, dans mon village natal, alors que j'étais paysan.

Paysan, je le suis encore, du reste. Et même résidant à Paris, même habitant Rouen, je n'ai jamais cessé de l'être. Or, j'ai toujours été « de mon pays ».

Soyez sûrs, chers élèves, que c'est là une force. Tâchez de ne point la perdre. Et si vous quittez le village où vous êtes nés, que ce ne soit jamais définitivement, jamais sans retour. Ne soyez pas des expatriés. Et comme il est triste, ce mot « hors patrie ! » C'est comme une menace, une phrase annonçant du mal, des malédictions.

Cela ne veut point dire, entendez-le bien, que je vous incite à n'aller point voir les cieux étrangers : ce ne serait pas là un conseil de bon Normand à des compatriotes qui ont trouvé dans leur atavisme le sens de l'expansion, une faculté spéciale d'essaimement.

Je veux simplement affirmer que le sol de nos ancêtres, avec les horizons familiers, avec le cimetière où dorment « les vieux », vous est, plus qu'un autre, propice, parce qu'il vous fut prédestiné, parce que c'est en lui, et non ailleurs, que votre race pousse bien ses racines.

Assurément, la race normande n'est point, par essence, sédentaire : elle aspire à parcourir le monde, et la transplantation est, pour certains d'entre nous, condition de survie. C'est là, du reste, une loi générale qui (plus ou moins, selon les familles) s'applique au genre humain comme aux espèces animales et végétales.

Qui nierait ce statut des êtres serait bien piètre observateur de la vie sur notre Globe. Mais cette dissémination — qui équivaut à une semaille — s'opère suivant certaines analogies d'ambiance et de latitude, lesquelles permettent aux individus sporadiquement migrateurs de retrouver sous d'autres climats les conditions de leur pays originel.

Aussi bien, ce n'est point cet exode hors frontière qui me préoccupe ; pour celui-ci, l'enjeu vaut le risque.

L'exode qui me semble dangereux et sans profit pour personne, c'est celui qui dépeuple nos campagnes et encombre nos villes.

Cet exode-là est un exil, parce que les villes ne rendent point l'habitant ou le rendent vieilli, podagre ou mort.

La ruée des régnicoles vers les cités me produit l'impression d'une émigration lointaine et sans retour, dans un autre pays, vers une autre vie.

Pour qui voit, en vérité, les choses telles qu'elles sont, le pays de Caux est plus près du Canada que de Paris. Les voisins sont quelquefois plus étrangers que les lointains. Etre *près* ne veut pas dire être *prochain*. Et dans cette annihilation des distances qui semble une des caractéristiques de notre siècle, on peut affirmer que les antipodes sont proches de nous si le milieu terrestre s'y démontre semblable à celui dont nous issus.

Voilà, mes enfants, un début bien sévère et qui ne dément point l'usage en vertu duquel un discours de prix passe au-dessus des élèves pour s'adresser à l'auditoire qui est là — et même au public qui n'y est pas.

Cependant, mes petits amis, c'est bien à vous que je parle, c'est bien à vous que je dis : « Ne quittez point votre village que baigne l'air salubre et que purifie le soleil pour aller vous entasser dans les villes empuanties, dans les ruelles sans lumière,

Ne vous laissez pas prendre à l'exemple de « ceux qui ont réussi », comme on dit. »

A quoi ont-ils réussi, d'abord ? A gagner de l'argent ? Peut-être... Ils ont certainement réussi à perdre leur belle santé de ruraux : ils ont, rapidement et pour toujours, altéré l'intégrité robuste de leur être. L'usure physiologique et tous les maux qu'elle entraîne demeurent le rachat de ce prétendu succès.

D'ailleurs, ne vous y trompez point. Pour un qui atteint la fortune au prix d'une grave détérioration personnelle, combien végètent dans les destins médiocres !... Combien croupissent dans la gêne, la misère ? Combien sombrent en route et que vous retrouvez dans les bas quartiers, menant une vie de privations, de tristesse et de souffrance ? Et combien meurent, blessés d'abord, écrasés ensuite par cette roue sans pitié qui s'appelle la civilisation, par ce mécanisme formidable dont la formule est « lutte pour la vie », dont la loi est « destruction du plus faible par le mieux armé ? »...

Mais, dira-t-on, si l'on s'use dans les villes, au moins on y vit double, dans la joie, dans la plénitude.

Oh ! ne vous payez pas de mots. Les plaisirs des villes... Si vous saviez comme ils sont superficiels, artificiels, faux !

Ils ne constituent que des apparences, des fictions, dont vous seuls possédez la réalité.

On vous proposera, je suppose, d'admirer les riches constructions de Paris ou de Rouen. Or, sachez que les avenues et colonnades de votre forêt d'Eawy sont bien autrement superbes que les rues, avenues, boulevards, palais, églises. Les créateurs des styles antiques, les inventeurs des ordres grecs ou romains, les architectes qui osèrent concevoir et exécuter nos merveilles gothiques apparaissent pourtant piètres constructeurs, si on les compare à la grande Artiste sylvestre qui multiplie, comme en se jouant, propylées, pleins cintres, ogives, clochers, absides, verrières... Sachez encore ceci : dans les sous-bois, le vent chante des versets plus admirables que l'harmonie des orgues sous la voûte d'une cathédrale.

Les chefs-d'œuvre des musées ! Oh ! si indigents semblent-ils, comparés au moindre groupe qu'en plein air, sur l'horizon finement lumineux, forment les laboureurs, semeurs, bêtes lentes, végétations souples, baignant dans la frémissante atmosphère, ou dans l'éther impalpable et fluide... Qu'est un tableau, sinon l'informe copie de toutes ces merveilles vivantes dont un peintre consciencieux s'avoue impuissant à rendre le subtil éclat, l'étincelante beauté ?...

Illuminations, pyrotechnies, feux d'artifice... on vous convie à les applaudir ? Mais n'avez-vous jamais caressé vos yeux à une aurore — jamais extasié votre âme devant un crépuscule — jamais senti votre cœur s'enthousiasmer en face d'une nuit étoilée ?

Parlerons-nous des théâtres, des livres où se débitent tant d'inepties démoralisantes ? Faites mieux ? Reconstituez les contes du pays, les histoires que narraient les aïeux : sauvez de l'oubli les légendes qui se lèvent à chaque tournant de notre histoire normande : rééditez et redites les chansons que fredonnaient vos mères devant l'âtre familier. Vivez la vie de votre village : je l'affirme variée, pittoresque, distrayante, saine, pleine d'esprit, d'imagination, de génie même souvent. Je dis qu'elle est plus nationale, plus ancestrale, plus traditionnelle que toutes les inventions lutétiennes. Et tel amour de village comporte plus de saine émotion, plus de délicate tendresse que les passions invraisemblables, les folles hypothèses, les variétés d'adultère, les suspectes aventures où le roman contemporain se complaît, s'enlise et se souille.

Me vantera-t-on les orchestres, représentations lyriques ? A toutes les musiques, je préfère le concert des oiseaux, tel matin du mois de mai : c'est plus beau que l'Opéra, musique et décor, côté cour, côté jardin.

Que me parlez-vous des fêtes chorégraphiques, des balabiles où vous payez la forte somme pour voir danser montmartroises, italiotes, russes, gitanas, filles de toutes les bohêmes ! Eh ! dansez vous-mêmes, enfants du village. Oui, mesdemoiselles, imitez vos aïeules qui figurèrent, charmantes, aux quadrilles rustiques, pour la joie de vos aïeux.

Mais enfin, direz-vous, les habitants des villes, « ceux qui ont réussi », les riches, ont plus que nous, la vie plantureuse, les somptueux repas, les tables bien servies. Peut-être... Mais ils ont aussi les aliments frelatés. Et, en tout cas, cet excès qu'on appelle « la bonne chère » finit par alourdir et altérer l'estomac. Les citadins ont, à la fois, l'abondance et l'inappétence ; ils ressentent bientôt la satiété, la nausée, de leur superflu. Un grand dîner en ville, c'est le cauchemar, pour moi et pour d'autres ! Si l'on veut connaître la joie d'un succulent déjeuner, le régal de mets appétissants, dont l'assaisonnement soit sincère, il faut venir à la campagne.

Et pour forme de conclusion, j'affirme que le bonheur n'est pas dans la vie intensive du citadin, mais dans l'existence pleine et simple du terrien. Au-dessus de toutes les allégresses, je place le délicieux bien-être que procure un corps en bel équilibre de fonctionnement, l'intime bonheur que goûte l'homme sain, en harmonie avec la Nature immaculée.

Un propriétaire parcourant son domaine, un fermier dans sa ferme, un pépiniériste parmi des entes et semis, le moindre cultivateur sur son champ, tous ceux-là mènent, à mon avis, une vie plus large, intelligente et compréhensive, que tel bureaucrate, tel gratte-papier, tel employé de commerce, tels adeptes des professions libérales (ainsi nommées, je suppose, par antiphrase, car elles sont serves entre toutes).

A presque tous égards, comme éploiement de type, comme intégrité d'être, le rural est supérieur à l'habitant des villes et son existence m'apparaît d'une esthétique plus parfaite.

Même au point de vue pratique, à ne considérer que la question pécuniaire, l'agriculture, devenue maintenant une science, s'affirme plus sûre, plus lucrative, plus « placement à père de famille » que toutes entreprises industrielles. C'est là un fait attesté par le retour des fils de l'aristocratie et de la haute bourgeoisie à la profession primordiale, ancestrale, la plus antique, la plus noble de toutes en définitive.

Est-il possible d'enrayer le départ vers les villes, de conjurer cette désertion à l'intérieur ? Oui, car on en connaît la cause : désaffection du terrien pour sa terre.

Eh bien! Messieurs les éducateurs, là doit se montrer votre influence éclairée. Combattez cette tendance mauvaise; efforcez-vous d'inculquer à l'enfant l'amour du sol français, de la glèbe « où les siens ont vécu ».

Pour guérir le mal, prenons-en notion, tout d'abord ; le petit paysan vit actuellement sur son pays, comme un étranger — et comme un ennemi.

Etranger, d'abord : l'écolier ne prend point part à

la culture; donc, il n'y prend point goût. Il n'a pas le temps, dira-t-on, puisqu'on l'envoie à l'école, et que, précisément, les programmes primaires ne réservent aucune part à la science des moissons — ce qui, du reste, nous semble bien fâcheux.

Soit ! Il n'a pas le temps. Mais, sur notre belle terre de France, il y au moins une récolte qui vient toute seule, qui pousse sans soins, parce que la nature, l'Isis de l'antiquité, en sème le grain, à larges volées, dans les champs de l'espace et dans les plaines du temps... Née spontanément, d'un ensemencement planétaire, cette moisson-là ne demande rien à l'homme — sinon de la voir et d'en jouir.

Et vraiment, ne mérite-t-elle pas un regard admiratif, autant qu'affectueux, cette délicieuse flore des haies, berges, sous-bois, sentiers ?

Mes chers enfants, contemplez-les, ces adorables petites personnes, ces corolles, ces cœurs, ces inflorescences que nul ne cultiva, sinon le grand Jardinier d'en haut. Apprenez leurs noms ; émerveillez-vous à ce miracle annuel qui les fait réapparaître, fidèles au rendez-vous printanier de la lumière. Ces modestes racines sont des races, des nations, êtres ethniques qui ne veulent pas mourir, qui ressuscitent aux Pâques nouvelles, et qui parent le sein de la terre, notre aïeule à tous.

Et voici, donc : je voudrais que l'instituteur enseignât aux écoliers le nom de leurs petites amies, les âmes végétales. Or, ce vœu semble bien à sa place, ici, puisque votre maître, M. Martel, est un botaniste érudit autant que persuasif. Je puis, et je dois, lui porter témoignage, puisque naguère je l'ai choisi pour donner, à mes enfants, quelques leçons d'histoire naturelle, leçons qu'à mon grand regret j'ai dû interrompre... Mes fils, hélas! étaient réclamés par les lycées et les livres... Or, à vous, jeunes enfants, il reste les champs et les choses. Usez-en, connaissez-les; on aime ce que l'on connaît; tandis que, d'instinct, on déteste ce que l'on ignore.

Et ceci m'amènera à corroborer ce que j'ai dit tout à l'heure : l'enfant vit à la campagne en *ennemi*...

Ennemi, c'est cela! Et, de mon affirmation, je ne veux qu'une preuve : l'humain en bas-âge est la terreur de la faune enfantine : il assassine, par exemple, les oiselets, dévaste les nids, saccage les innocentes couvées. Pourquoi? En vertu de quelle régression sauvage commet-il tant de méfaits inutiles?...

Est-ce pour palper, regarder, admirer le berceau et la nichée? Est-ce pour s'attendrir en je ne sais quelle sentimentalité empreinte de snobisme et de niaiserie? Nous avons la « romance du nid », la « ballade du petit oiseau ».

Est-ce pour réunir des colliers d'œufs multicolores? Le petit Polynésien n'agit pas autrement et se fait, lui aussi, des parures d'œufs, verroteries et coquillages. N'imitez pas son indigente esthétique, son fétichisme bas. Servez-vous de la raison supérieure que l'atavisme européen déposa dans vos esprits.

Ayez pitié de l'inoffensif fils de l'air, de l'aviateur né dont les ailes renferment le secret de l'empire du monde. Considérez de plus que « le dénicheur », en son inutile et inconsciente cruauté, a fini par tuer plusieurs espèces de charmantes et frêles créatures. La grive grise, la mésange bleue, par exemple, ces joyaux séculaires de nos vergers, ont à peu près disparu... Perte irréparable dont vous êtes responsables, vous les enfants, et vous aussi les parents.

Or, c'est là un dommage, non seulement pour l'artiste et le philosophe, mais pour l'économiste rural. Ne savez-vous pas, en effet, que l'oiseau est un agile et vigilant auxiliaire de l'agriculture ? Ignorez-vous que la gent ailée détruit l'insecte vorace, chenilles, charançons, mouches, cloportes, toutes les larves, toute la vermine qui ronge les arbres, toute la pullulance qui empoisonne l'atmosphère ?

Epargnez les passereaux, merles, pinsons, mauviards, fauvettes, chardonnerets, rouges-gorges, roitelets, d'abord parce qu'ils chantent, ensuite parce qu'ils font du bien.

Epargnez-les, afin que vos parents ne voient point prématurément tomber les fruits de leurs masures, avec un ver au cœur.

Comprenez, aimez, respectez toutes les œuvres de la création. Adoucissez votre âme ; faites-vous fraternels aux plantes et secourables aux bêtes ; affirmez-vous « humains » dans les deux sens de ce beau mot.

Mais il faut s'arrêter... Ma profession de foi, si convaincue, en faveur de la campagne, m'a fait oublier que nous sommes ici dans une cérémonie de distribution de prix. Or, le principal, sinon l'unique sujet de ce discours, doit être l'instruction scolaire.

Ne croyez pas que je fasse fi des programmes ; tout ce qu'on enseigne à l'école, cette science élémentaire que nous allons récompenser, tout cela est éminemment utile.

L'instruction, voyez-vous, c'est la greffe que les maîtres puériculteurs insèrent sur l'enfant, tel qu'il sortit de l'arbre généalogique. Sans greffe, il fût demeuré sauvageon. Loi générale : c'est par l'écusson que l'églantier produit la rose, — que l'ente « sur franc » du pépiniériste engendre le fruit savoureux, — que sur le cognassier mûrit la poire duchesse, — que de la tige stérile naît l'aliment supérieur, perfectionné, — que le sarment fruste nourrit la grappe sous le pampre...

Perfectionnez-vous donc, jeunes gens... Instruisez-vous, apprenez le calcul, le français, l'histoire nationale. Assimilez-vous tout ce qu'une Université prévoyante met à votre portée, comme science nécessaire.

Mais sachez que la science n'est pas tout. Il ne

suffit pas de *savoir :* il faut *aimer*, parce que l'homme n'est pas seulement un esprit ; il est surtout un cœur. Et maintenant, je veux finir comme j'ai commencé. Mes chers compatriotes de la campagne française, apprenez à connaître les fleurs des champs et de la sylve. Leurs noms, c'est un alphabet qu'il faut épeler avec amour, dont il faut rassembler les signes avec vénération... Car ce sont les lettres du grand Mot, du Mystère : *la Vie... Dieu !*

Ayez pitié des oiseaux... Ce sont de petits camarades, sortis comme vous, presque en même temps que vous, des mains du Créateur.

A PROPOS
DES HOTES DE L'ESTUAIRE

A PROPOS DES HOTES DE L'ESTUAIRE

(19 Mars 1905.)

Je suis attaqué par un savant qui s'est chagriné en lisant « Un jour lointain ». Ce paléontologue y met de la verdeur et je suis loin de lui en vouloir. Vous me voyez ravi, au contraire. On se passionne donc pour les fossiles, en notre époque frivole et trépidante ? Mais oui ! La préhistoire a ses adeptes, ses fervents, ses polémistes fougueux.

Voici de quoi il s'agit :

L'ours des cavernes et l'homme ont-ils pu se rencontrer avec l'ichthyosaure, en un point donné de l'espace et du temps ?

C'est conjectural, mais possible — dans les conditions, tout au moins, que j'indique, c'est-à-dire au cours de l'âge tertiaire, sur les bords du bourbier salin que fut l'estuaire de la Seine.

M. Leroy nie cette possibilité pour la raison suivante : l'ichthyosaure, dit-il, est de l'époque jurassique (âge secondaire) ; tandis que l'homme et son adversaire habituel, l'*ursus spelæus*, ne sont apparus que dans l'âge quaternaire.

M. Leroy en est-il bien sûr ? Croit-il vraiment que les « règnes » se sont succédé, sur le globe, comme au théâtre les décors d'une féerie, par changements à vue, une fois l'acte fini ?

Membre de la « Société d'Etudes préhistoriques », il doit savoir comme nous que *natura non facit saltus* — que les assises géologiques (et conséquemment la faune qui les habita) ont paru à la vie, non par cataclysmes et remplacements brusques, mais par substitutions infiniment lentes — que, par suite, dans la cosmogonie et l'échelle des êtres, il a existé de véritables chevauchements qui ont enchevêtré antériorités et survivances.

Or, l'homme quaternaire — nous l'affirmons — est précédé d'une ascendance qui le fait vivre en plein âge tertiaire, dans les étages *pliocène*, *miocène*, et même *éocène*, aux confins du Secondaire, par conséquent.

Cette affirmation veut des preuves ou des répondants : en voici :

Sans infliger aux lecteurs un cours de paléontologie (la plus belle des sciences pourtant !) on peut leur signaler les auteurs suivants : *Lubbock*, dans « l'Homme préhistorique », écrit à la page 383 : « L'homme peut être représenté dans l'âge miocène ». *Ch. Lyell*, dans « l'Ancienneté de l'Homme », porte le même témoignage. Le *docteur Hamy*, à la page 105 de sa « *Paléontologie humaine* », affirme : « Les hommes miocènes dépeçaient l'halithérium ». *Huxley*, à la page 317 de sa « *Place de l'Homme dans la Nature* », indique : « Le genre « homo sapiens » date-t-il des terrains pliocènes ou miocènes ? Est-il encore plus ancien ? L'avenir nous l'apprendra. » Le *docteur Le Bon*, dans « *L'homme et les Sociétés* », page 172, écrit : « L'apparition de l'homme remonte au milieu de l'âge tertiaire. »

Veut-on mieux et plus que des citations d'auteurs ? La découverte du *crâne de Néanderthal* et de la *mâchoire de Moulin-Quignon*, etc., etc... ; les recherches de Boucher de Perthes ne furent-elles pas décisives ? Elles ont produit dans le monde savant assez d'émotion pour n'être pas oubliées.

Donc, l'homme a vécu très près de l'ère secondaire. Et si l'homme remonte si haut, pourquoi n'y serait-il pas accompagné de son adversaire, l'ours, comme de ses industries lacustres et autres ?

Voilà nos affirmations pour l'homme, l'ours, le chien, l'arme de silex et l'habitation lacustre. Passons à l'ichthyosaure, maintenant.

Qu'y a-t-il d'impossible à admettre que cette bête du jurassique ait survécu jusqu'au cours de l'âge tertiaire, par exemplaires sporadiques, dans certains marécages attiédis, tel que fut l'estuaire à l'époque où j'ai placé mon récit ?

Même à l'heure actuelle, cet estuaire présente, au Nord, une rive crétacée, et au Sud, une rive jurassique (d'Honfleur, par Vasouy, Villerville, les Roches-Noires et au-delà).

Ce delta un peu chaud ne put-il abriter le « dernier ichthyosaure ? » (c'est le mot dont prudemment je me suis servi). Et j'explique encore mieux ma pensée quand j'ajoute que cette bête devait périr parce qu'elle représentait un « anachronisme » et n'était plus soutenue par la loi d'adaptation.

La rencontre, objet du livre, peut donc avoir été une réalité, et non simplement une fiction.

Pour l'ichthyosaure, comme pour l'homme, M. Leroy, ennemi de l'hypothèse, voudrait des « autorités ». En voici :

Qu'il ouvre le volume récemment publié par l'Encyclopédie Larousse : « *La Terre, son évolution* », par Robin ; il y lira ceci :

(P. 186). C'est dans la partie inférieure du « sys-
» tème jurassique qu'ont été principalement trou-
» vés les squelettes d'ichthyosaures : mais ils se
» sont perpétués jusque dans les couches du sys-
» tème crétacé ».

(P. 201). Les couches crétacées renferment des « reptiles nageurs voisins de l'ichthyosaure ».

Affirmation de la présence possible, au cours du Tertiaire, d'un reptile nageur, du saurien, par conséquent.

M. Leroy nie qu'un être puisse survivre à son âge cosmogonique. Alors, qu'a-t-il pu penser lorsque certains voyageurs naturalistes nous ont appris que le *Dinornis*, l'*Epiornis*, le *Kiwi* (volatiles antédiluviens) existaient récemment encore, et qu'ils existent encore peut-être à Madagascar, aux Nouvelles-Hébrides, en Nouvelle-Zélande ?

Et, si le fameux « serpent de mer » ne constitue pas une fable (c'est à voir...), ne représenterait-il point une sorte d'ichthyosaure ?

Allons plus loin : *peut-être*... oui, la *forme de vie* que fut le Saurien remue peut-être encore dans tel bourbier de l'Afrique équatoriale ou même, devenu minuscule, au sein de quelque mare européenne... Les conditions climatériques de la planète venant à changer, cette *forme*, l'hydre, pourrait grandir et redevenir formidable.

Rien ne meurt *à jamais :* les germes, les épures, les types, attendent toujours la réincarnation.

En ses déconcertantes manifestations, la nature échappe aux « tableaux synoptiques », aux classifications livresques.

Conclusion. — M. Leroy n'a pas le droit de s'insurger, au nom de la science, contre les rêves cosmogoniques à moralité haute : et vraiment est-ce que j'étais si mal documenté ?

Les larges hypothèses qui font penser, les visions qui remuent l'âme, cette tragique ascension de la Vie, sous le fouet de la Mort, à travers le sombre passé planétaire... tout cela n'est pas du domaine des nomenclatures.

P.-S. — M. Leroy, qui veut de l'exactitude, m'accuse de m'être trompé de plusieurs millions de

siècles ! Une erreur pareille, ce ne serait vraiment pas ordinaire ! Mais, jonglant ainsi avec les millions de siècles, M. Leroy paraît bien hardi !

Allons, de lui ou de moi, le plus téméraire des deux n'est pas celui qu'il pense.

A LA GLOIRE DE LA NORMANDIE

LA NORMANDIE ET LES NORMANDS

LE MILLÉNAIRE DE LA NORMANDIE

PLUS QUE MILLÉNAIRE

LE PANÉGYRIQUE DE LA NORMANDIE

LA NORMANDIE ET LES NORMANDS

Il y a encore trop de personnes qui, dans l'histoire de France, n'envisagent que l'histoire de Paris : vision fractionnelle, superficielle et fausse.

Les savants très modernes ne l'ignorent pas ; de plus en plus, ils orientent leurs recherches vers la province, les archives départementales, les bibliothèques communales, les minutes des tabellionnages, les registres d'état civil.

Au moyen de ces patientes investigations, l'histoire de France s'achève, se rectifie, tous les jours apparaissant plus riche, plus belle. A mesure qu'elle se rapproche de l'intégralité, elle devient plus compréhensive et par là même mieux compréhensible.

Je vous apporte une petite contribution en ce qui concerne mon pays.

Et tout d'abord, puisque, en pareille matière, il convient de placer la géographie avant l'histoire, demandons-nous ce que c'est que la Normandie.

Repéré sur le globe, notre pays a le privilège de se trouver sur le passage de la trajectoire de la civilisation. Dans le temps et dans l'espace, il existe, en effet, un anneau planétaire qui se déplace d'est à ouest, obéissant à des rythmes inconnus et sur lequel éclosent de préférence les fleurs humaines du génie et de la conscience.

La Normandie jouit d'un climat tempéré, mieux tempéré même que ne le comporte le méridien (le 49°) où elle s'inscrit. Ailleurs (au Canada, par exemple), ce méridien répond à des saisons dures, brusquement contrastées, âpres dans le froid, brutales dans le chaud.

Chez nous, un élément modérateur intervient, le Gulf-Stream, qui éploie sur nos côtes, ainsi qu'une caresse d'éventail, l'eau de l'Equateur, par quoi sont atténués nos hivers, attiédis nos printemps, adoucis nos automnes.

D'autre part, la Manche reçoit, aux premières chaleurs, la nappe océanique refroidie par la fonte des icebergs que leur lente dérive fait passer de la mer du Nord dans l'Atlantique. De propices nuées imprègnent alors l'atmosphère et posent un voile sur le dangereux soleil de canicule.

Il résulte de ce double afflux que les sautes du climat continental sont amorties par l'alternante soufflée de nos vents dominants; les rudes bourrasques du noroët (ainsi baptisé par nos pilotes), conjuguées avec l'haleine mouillée du soroët favorable aux pêcheurs, arrosent nos pommiers, assurent la germination des graines, reverdissent nos prairies.

Donc, le pays normand reçoit moins que tout autre l'aquilon du nord ou la bise du centre Europe.

Le sol que recouvre ce ciel est exceptionnellement riche. Les plaines du pays de Caux, les labours du Vexin, les herbages du pays de Bray rivalisent avec les champs du Roumois, les pâturages plantés du Lieuvin et les prés du pays d'Auge, pour l'abondance des récoltes, la beauté des fleurs, la succulence des fruits.

Pareille condition climatérique détermine la mentalité de la population : là, comme partout, l'habitant s'est conformé à l'habitat. Parce que l'humus est fertile et qu'ici « c'est le fonds qui manque le moins », l'homme s'y est attaché, devenant par là même travailleur, économe, processif pour tout ce qui concerne « son bien ». Préservé des extrêmes, soustrait aux inquiétudes par ce ciel indulgent aux phénomènes moyens, ignorant la dure loi d'airain, ne craignant pas la disette de subsistances, le Normand fait des projets, imagine le le lendemain, cultive les longs espoirs et les vastes pensées. Pour exprimer à quel point il possède le sens de la prévision, j'oserai presque dire qu'il vit « en avant ». Mais il s'amollit un peu dans le bien-être, la vie facile, la plantureuse nourriture. Cette « corne d'abondance » qui est la marque de notre faïence vieux Rouen représente à la fois un emblème et un aveu. « *Indulgere genio* », ces mots furent écrits pour les peuples qui compromettent leur énergie native.

Entre la haute et la basse Normandie s'étend un trésor précieux, la Seine, le pays ripuaire. On a dit de l'Egypte que ce fut un présent du Nil ; usant de la même formule, je dis : la plaine alluvionnaire qui s'étend de Rouen à Honfleur et au Havre est un don de la Seine.

Ce fleuve magnifique représente un des joyaux de la France ; on a beaucoup fait pour l'améliorer : il a rendu au centuple le coût des travaux.

Que de choses restent encore à terminer! Que d'entreprises fructueuses demeurées à l'état d'ébauche ! Si la décentralisation administrative entrait enfin dans l'ère de la réalisation depuis longtemps promise, si Paris laissait la Normandie libre d'aménager son fleuve, ce serait bien vite fait. Les grands travaux s'achèveraient à vue d'œil, malgré tout ; je n'en veux pour raison que la nécessité même.

L'avenir, commercial, industriel, maritime de cette région est une des visions consolatrices de demain.

Nos enfants verront les digues de l'estuaire finies, — les longs courriers entrant à toute heure dans le fleuve canalisé, — une double ligne de chemins de fer suivant chaque rive pour desservir nos ports fluviaux de Croisset, Dieppedalle, Duclair, Guerbaville, Caudebec, Villequier, Quillebeuf, — le port de Rouen installé dans les prairies Saint-Gervais, — celui du Havre assis normalement sur l'Océan ; et ainsi, la Seine maritime constituant, par ses 30 lieues de développement, le plus grand port du monde.

Dans l'estuaire, organisé comme port de refuge, comme arsenal, nos fils verront l'escadre française mouiller à l'abri des feux convergents de la Roque, de Saint-Vigor, de Tancarville, du Hode, de la Hève, de Honfleur, Berville et Foulbec.

En cette puissante artère viendront battre les pulsations de Paris, cœur de la nation ; la France sentira qu'elle est enfin un organisme complet, conscient, autonome et bien vivant.

Tel est ce pays si plein de ressources ; tel est son avenir si riche de promesses.

Mais je suis venu ici principalement pour vous entretenir de son passé.

Où commencerai-je ?

Constatant qu'en voyage on doit renoncer à voir beaucoup de villes intéressantes, Théophile Gautier a déclaré : « Un voyage est composé de sacrifices. »

J'en dirai autant d'une conférence : en raison des limites à elle imparties, il faut se résigner à des prétéritions.

Je ne vous dirai donc rien du curieux problème des habitants autochtones, rien des invasions celtes, rien de la conquête par César.

Dans l'époque où notre pays prit le nom de « deuxième Lyonnaise », je ne fais que signaler les richesses de cette civilisation gallo-romaine dont il nous reste de si curieux vestiges. Je mentionnerai les routes que construisirent les légionnaires. Ces grands terrassiers, maçons, cimentiers, portaient, avec le glaive et le bouclier, la pioche et la truelle. Et il se trouve que les œuvres de paix ont survécu à leur gloire militaire. Ces « itinéraires » représentent les premiers linéaments d'une circulation générale. Je retiendrai encore la prédilection qu'eurent certains empereurs romains pour les rives de la Seine, où ils édifièrent de somptueuses villas.

Cette deuxième Lyonnaise, du reste, était leur plus belle province, une province heureuse; or, le bonheur attire.

La deuxième Lyonnaise traversa une ère de prospérité; ses villes principales, Rothomagus, Juliobona, se couvrirent de monuments; les marins de l'estuaire faisaient avec la Grande-Bretagne de fructueux échanges; une forte race de paysans florissait sur la terre féconde.

Mais il est écrit que l'œuvre des hommes doit être périodiquement détruite; la civilisation gallo-romaine sollicitait le barbare comme les trop somptueuses pousses végétales attirent le puceron.

Vers la fin du IVe siècle eurent lieu de sombres drames dont l'écho ne nous est point parvenu, mais dont nous connaissons un résultat tragique : la ruine de cette merveilleuse Juliobona; rien n'en subsiste qu'une mosaïque au Musée de Rouen et un cirque mutilé.

Puis, c'est la grande invasion ; la rumeur énorme de la vie sauvage, la houle des forces nouvellement déchaînées, troublent cette *« pax romana »* qui était devenue inertie, stagnation.

Les tribus franques de Clodion et de Clovis s'installent chez nous : les Ripuaires du Rhin deviennent les Ripuaires de la Seine, préférant celle-ci à celui-là. Et les envahisseurs subissent à leur tour l'usucapion par cette terre qui conquiert ses conquérants.

Les rois mérovingiens, ces terriens convaincus qu'on appellerait maintenant « gentlemen-farmers », grands chasseurs en Brothonne, prirent leur résidence favorite en cette métairie d'Arelaune dont on voit encore les substructions à Valleville-la-Rue.

Dans ce rapide exposé où, négligeant le détail, nous cherchons surtout la caractéristique, je remarque que Chilpéric et Dagobert eurent des préoccupations ultra-modernes, puisqu'ils ordonnèrent l'assainissement des marais de Risle et de Basse-Seine ; l'évêque Samson, de Dol, — dont l'hagiographie a fait un saint, — fut leur ministre des travaux publics.

Sous cette dynastie pacifique, bienfaisante, un peu molle et sybaritique, la Neustrie connut à nouveau les joies de la terre.

Nous arrivons à une heure solennelle où l'empereur Charlemagne se trouve confronté avec les premiers drakkars normands.

Karol fut, lui aussi, charmé par notre pays, en ressentit la séduction, devint son familier. A plusieurs reprises, quittant Aix-la-Chapelle, il séjourna chez nous ; un jour, il aperçut des barques étrangères qui, bravant sa renommée, venaient le provoquer chez lui !

Il pleura, dit-on, ayant conscience et prescience du drame sanglant où devait sombrer sa race : on peut dire, en effet, que les règnes karolingiens furent un long martyrologe ; sans trêve ni pitié, les pirates normands harcelèrent le vaste empire ; ce spectacle historique donne l'impression d'un mastodonte attaqué par des insectes.

La dynastie des Capétiens est issue précisément de la nécessité où fut mise la France, sous peine de mort, de susciter des rois forts pouvant vaincre l'envahisseur.

Un philosophe déterministe dirait que tout fut ainsi pour le mieux, puisque l'irruption des Normands eut pour effet de renforcer la nation, de rendre plus énergique sa volonté de ne point périr, de l'améliorer en augmentant ses qualités de résistance. La vie des peuples comme des individus n'est belle et divine que dans la limite où elle triomphe de la mort.

Quoi qu'il en soit, la faiblesse des Karolingiens eut pour résultat l'implantation du sang normand dans la race.

Certains chroniqueurs affirment même que Roll,

chef des pirates scandinaves, épousa Gisèle, fille du roi Charles le Simple.

Or, j'en suis fâché pour les dames ici présentes qui, je le pense, seraient heureuses d'entendre narrer un mariage de ce temps-là, un grand mariage surtout !... Mais la vérité m'oblige à démentir le fait.

Notre savant historien rouennais, Licquet, a péremptoirement démontré qu'en l'année 911, où se placerait la prétendue cérémonie nuptiale, Roll avait soixante-quinze ans, Charles trente-deux et Gisèle quatre ! Au surplus, Roll était alors l'époux de Popa, la jolie Bayeusaine.

Mais, dira-t-on, d'où vient la persistance de cette gracieuse légende que continuent à enseigner tant de graves historiens ? D'un malentendu ; il y eut, en effet, vers cette date, un souverain, Charles, qui donna sa fille Gisèle en mariage au chef des Vikings : mais c'était l'empereur germain, Charles le Gros, et le pirate s'appelait Godefroi.

Il y a peut-être autre chose : un symbole ; je m'explique : dans l'imagination des conteurs médiévaux, cette union princière représente la fusion de races désormais unies.

Gisèle, ici, personnifie la femme normande dont s'emparèrent les Vikings triomphateurs et qui triompha de ses vainqueurs par l'amour, par la maternité, faisant la descendance à son image, —

éternel mythe de la Sabine enlevée par le guerrier romain.

Cette union des femmes franques avec les Normands fut logique et nécessaire. Les étrangers étaient de beaux gaillards, possédant le double prestige de l'inconnu et de la victoire ; il n'y avait plus assez d'hommes en Neustrie, la guerre ayant fauché toute la jeunesse mâle. Alors, j'admets bien que nos aïeux, faisant la cour à nos aïeules, ne rencontrèrent point beaucoup de cruelles.

Personne n'ignore combien fut sage et tutélaire l'administration de Roll, l'ancien écumeur des mers ; de Neustrien devenu Normand, mais n'ayant point changé de nature, notre paysan, immuable propriétaire du sol, retournait à l'amour de la terre qui est le fonds et le tréfonds de son âme.

Malheureusement, cette vie de calme dura peu ; les successeurs de Roll eurent à combattre les rois de Paris, ces valeureux Capétiens qui ne furent jamais résignés à la perte d'une aussi belle province et qui s'acharnèrent à reconquérir ce précieux fleuron dont la place demeurait vide à la couronne de France.

La reprise du duché de Normandie est une pensée politique qui domine et qui explique plusieurs siècles de notre histoire.

Dangereuse et dure, cette entreprise ! Les rois de Paris rencontraient des partenaires dignes d'eux ; nos ducs normands surent défendre leur bien.

Nous arrivons, du reste, à un personnage de première grandeur contre lequel toute lutte était impossible : Guillaume, fils d'une paysanne de race aborigène, pure, par conséquent, le Bâtard représente un des meilleurs prototypes de notre race, un gladiateur de l'évolution, un « surhomme ». Sa conquête de l'Angleterre est une merveille d'audace et de prudence où s'affirment les éminentes qualités du Normand.

Il annexa donc un royaume à son duché. Et, si sa marche sur Paris n'avait pas été interrompue par l'accident de Mantes, Guillaume était de taille à réunir les deux royaumes : France et Anglie ; les destinées du monde changeaient s'il ne s'était pas trouvé un tison mal éteint sous les pieds d'un cheval ombrageux.

Guillaume mort, son œuvre demeurait inachevée. Ses successeurs, Henri Ier et Henri II, augmentèrent, sans logique et sans dessein, cette anomalie qui réunissait, sous un même sceptre, l'Angleterre et un fragment mal coupé de la France.

Cela ne pouvait durer ; l'entrée à Rouen de Philippe-Auguste en 1204 ne fut qu'une épisode, un point marqué en cette terrible joute ; il fallut cent ans de guerre et des flots de sang généreux pour régler le différend.

La Normandie ne fut bien définitivement scellée à la France qu'après l'expulsion du dernier Anglais, conséquence du supplice de Jeanne d'Arc.

Singularité du destin : la sublime Paysanne vint exhaler son âme à Rouen, semblant indiquer que sa vie devait racheter cette ville. Il avait donc un haut prix, ce Rouen qui fut payé par le sacrifice d'une vierge très pure ! Croyez-vous au hasard ? Moi pas. Et je m'incline devant le bûcher de la Sainte nationale, saluant ce drame auguste qui remet en scène l'éternelle pensée de la rédemption par l'holocauste du juste.

De ce jour, la Normandie devenue la France disparaissait comme province indépendante ; mais son rôle n'était pas fini ; tout à l'heure, nous retrouverons dans l'âme collective du pays le précieux ferment de Normandie.

Mais ce serait rendre à nos aïeux insuffisante justice que de croire leur activité bornée au petit théâtre neustrien. L'énergie des Vikings s'est affirmée un peu partout, jusqu'aux confins du monde alors civilisé, en Amérique, en Russie, en Afrique, en Sicile, à Constantinople, en Asie.

Cette race incomparable, aux multiples exodes, a bien mérité le dicton fameux de Guillaume de Jumièges :

Normanni possident Apuliam, devicere Siciliam, propugnant Constantinopolim, ingerunt metum Babyloni, et Anglia terra eorum pedibus leta se prosternit.

Il n'est question ici ni de l'Amérique, ni de la Russie ; c'est que le vieux chroniqueur ne possédait point les sources d'informations que nous avons acquises depuis. Complétons un peu son récit :

LES NORMANDS EN AMÉRIQUE

A l'époque même où les pirogues normandes ravageaient nos côtes, aux VIIIe et IXe siècles, d'autres flottilles quittaient le fjord ancestral, s'aventuraient vers l'ouest, jusqu'aux rivages du nouveau monde. Pareille affirmation eût semblé téméraire autrefois : maintenant le fait est acquis et bien démontré.

La science archéologique a établi la parfaite concordance des sagas islandaises avec les cairns, monuments commémoratifs, stèles funéraires retrouvés un peu partout, notamment avec le Dighton righting rock (dans le Massachusetts), le Kingiktorsoak (rivage de Baffin), les inscriptions runiques d'Iggaliko et d'Egegeit, les ruines semées du cap Farewell jusqu'à Uppernavik.

Et cette constatation qui attribue aux héros des sagas, aux rois des mers chantés par les skaldes, la qualité de personnages historiques, fut pour nous, Normands, un sujet d'étonnement, de joie, de fierté.

A celui qui regarde une mappemonde, il apparaît du reste que la voie était toute tracée aux émigrants. N'y a-t-il pas dans l'Océan polaire un chapelet d'îles et de rivages qui semblent les étapes d'une route, des marches, je ne sais quelle chaussée pour les pas de géants d'épopée.

D'une part, le Lofoden, et d'autre part, plus au

sud, les Orcades, les Shetland, l'Ecosse, Feroë, le Groenland, Terre-Neuve, le Labrador forment vraiment comme un pont entre le vieux monde et le nouveau.

Excédent de population? Disette? Expulsions en masse ordonnées par des tyrans? On ne sait pas exactement la cause de ces migrations scandinaves.

Mais on en connaît la réalité et les résultats.

On a la preuve qu'en 725, Grim Kamban, pirate norvégien, s'établit aux Feroë, dont il commença la colonisation.

En 863, Kafn se rendit aux Shetland, de là aux Feroë et cingla vers l'ouest; en mer, il lâcha trois corbeaux; le premier fit une randonnée en l'air, cherchant sa route, puis se replia sur Feroë; le second revint au navire; le troisième pointa au large, vers le nord-ouest. Kafn, hardiment, le suivit et atterrit en Islande, où deux pirates Naddod et Gardar, l'avaient du reste précédé.

Quelques années plus tard, Ingolf et son frère d'armes Hyorleif vinrent en Islande faire de l'agriculture. Hyorleif périt, Ingolf fonda Reykiavik; certaines parties du rivage portent encore le nom d'Ingolfshofdi et Hyorleifshofdi.

En 885, la sanglante bataille d'Hafursfyord détermina l'exil de beaucoup de yarls et guerriers qui ne voulurent pas accepter le joug de Harald Harfager (aux beaux cheveux); une grande partie des émigrants vint en Islande (nous en retrouverons d'autres en Russie).

Mais les établissements islandais furent, en cet exode mémorable, une simple étape que nos hardis compagnons eurent bien vite franchie.

Dès l'an 877, Gunnbyorn avait entrevu les cimes blanches du Groenland oriental.

En 983, Erik le Rouge, exilé d'Islande pour un meurtre, longea ce nouveau continent. Evitant les banquises de l'est, il doubla le cap Farewell et s'arrêta à Brattahlida, fjord abrité où riait quelque verdure. Erik, revenu en Norvège, fit de cette végétation une description dithyrambique, nomma le pays « Terre Verte » et décida beaucoup d'émigrants à l'accompagner. Un second voyage d'Erik eut lieu en 985.

Parmi les compagnons d'Erik se trouvait Hériulf, dont le fils, Byarn, vint en 986 à Brattahlida, où il croyait trouver son père. Apprenant qu'Hériulf était dans une autre terre, Byarn remit à la voile intrépidement ; mais le courant de dérive, le vent du pôle emportèrent son navire vers le sud : il longea les côtes inconnues sous un climat très doux, par un clair soleil d'émerveillement ; il constata que le rivage n'était pas coupé d'anses abruptes comme les fjords de Norvège, mais composé de golfes harmonieux et de havres propices.

Si nous en croyons la saga d'Erik le Rouge, ce voyage de Byarn, dont, revenu du Groenland, il fit un récit enchanteur, enflamma l'imagination des Scandinaves. Le fils d'Erik le Rouge, le célèbre Leif le Fortuné, acheta le vaisseau de Byarn, y monta avec trente-cinq hommes d'équipage et prétendit recommencer méthodiquement ce qu'avait accompli par hasard son prédécesseur. Il réussit à retrouver le Helluland (identifié depuis avec Terre-Neuve), le Markland (Nouvelle-Ecosse), doubla le cap Cod, dépassa les îles Nantucket et Martha's Vineyard, entra dans la baie de Rhode-Island, remonta le Pocasset et vint débarquer enfin à Mount-haut-Bay.

Ces rudes marins des zones boréales, habitués aux durs climats, aux icebergs, aux « terres de désolation », demeurèrent extasiés en face d'un site idéal, sous ce ciel indulgent, dans la tiède atmosphère (ces rives délicieuses sont maintenant encore appelées le « paradis de l'Amérique »).

Ils eurent l'éblouissante vision d'un pays plus beau que la terre, des régions divines que l'Edda promet aux héros.

Les rivières étaient poissonneuses, les forêts riches et précieuses en essences, vives en gibier, les arbres couverts de fruits savoureux, la terre richement vascularisée de cours d'eau.

Nos explorateurs prirent possession du pays avec le cérémonial ordinaire. Puis, obéissant à ce sentiment de l'homme qui veut prolonger son bonheur, Leif se bâtit là une demeure, « Leifsbudir ».

Certain jour, un matelot, l'Allemand Tyrker, quitta le campement ; on le croyait perdu, quand tout à coup il reparut chargé de raisins. Ce fut parmi les émigrants une joie délirante : Leif baptisa le pays « Vinland ».

A ce hardi Viking, tout souriait ; et c'est en hommage à sa prodigieuse chance qu'il fut appelé par ses enthousiastes matelots « Leif le Fortuné ».

Notre capitaine avait donc bien découvert l'Amérique ; il se trouvait dans le Rhode-Island actuel ; et comme, méthodique explorateur, il avait eu soin de noter qu'en ce pays-là le jour le plus court de l'année commence à 7 h. 1/2 et finit à 4 h. 1/2, nos cosmographes, par un calcul très simple, ont établi que Leifsbudir se trouvait près de « Providence », par 41° 24'10" de latitude nord.

Mais nos rois des mers ne s'amollissent pas longtemps en ce séjour édénique ; le goût des aventures les reprend, la soif des vagues, la nostalgie du pays natal.

Au printemps de l'année 1001, Leif remet à la voile avec une riche cargaison de bois, raisins, pelleteries.

Ce voyage féerique eut un grand retentissement parmi les Scandinaves et surexcita l'émulation, l'espoir de beaux gaignages, en même temps que la passion de l'inconnu innée chez tout bon Norvégien. Cela surtout : « l'inconnu », l'attrait des

« étoiles nouvelles », pour ces yeux de conquistadores...

En l'an 1002, Thorvald, frère de Leif, part pour les plages d'au delà, retrouve Leifsbudir, mais veut aller plus loin, pique résolument vers le sud, reconnait Long-Island (en face de l'actuel New-York). Après quoi, il remonte vers le nord, s'arrête dans l'île de Rainsford, près du cap Alderton, golfe de Boston. C'est là qu'il périt, tué par les naturels du pays (Skrellings ou Esquimaux). Il est inhumé par ses compagnons ; or, à la fin du XVIIIe siècle, un savant explorateur, Smith, a retrouvé une sépulture qui répond de point en point à la description du tombeau contenue dans la saga.

L'élan était donné, les expéditions allaient se multiplier.

En 1006, Thorfinn, yarl norvégien, vint à Brattahlida pour saluer Leif le Fortuné. A la Cour, il vit la célèbre Gudrida, sorte de femme fatale que les hommes ne pouvaient voir sans l'aimer, veuve en premières noces de Thorer et en second mariage de Thorsten, le frère de Leif. Le nouveau venu s'éprit passionnément de cette femme magnifique, l'épousa et subit bientôt son ascendant.

Gudrida adorait les aventures et voulut continuer l'épopée maritime qui avait illustré cette famille d'Erik le Rouge dont elle fit partie. Ses deux premiers maris étaient morts dans des expéditions où elle les accompagnait ; elle convertit Thorfinn à ses ambitions ; tous deux résolurent de s'embarquer pour suivre les aïeux « sur les chemins de la mer ».

Et c'est ainsi qu'en 1007, Thorfinn quitta le Groenland avec cinq navires que montaient cent soixante hommes d'équipage. Gudrida faisait partie de l'expédition, accompagnée de son ex-belle-sœur, Freydisa, fille naturelle d'Erik le Rouge.

La saga de Thorfinn fournit d'amples détails sur ce voyage capital qui comprit de nombreux atterrissages et des reconnaissances méthodiquement suivies. Thorfinn mouille à Mount-haup-Bay et, conquis comme ses aïeux par le charme de ce pays, y bâtit une demeure, « Thorfinnsbudir ».

Il noue des relations commerciales avec les Skrellings ; ceux-ci échangent des fourrures contre des objets de fabrication européenne ; par exemple, une peau de petit-gris vaut un morceau d'étoffe rouge long d'un empan et large d'un doigt. Mais bientôt, ces naturels, émerveillés par la puissance des armes de fer que possèdent les étrangers, prétendent en recevoir comme monnaie d'échange. Sur le refus des Norvégiens, les Skrellings deviennent hostiles ; une bataille s'engage. Les Normands faiblissent, lorsque l'énergique Freydisa se jette elle-même dans la mêlée, prend l'épée d'un mort, ramène l'armée au combat et assure la victoire. Les Skrellings ont été médusés par l'apparition de cette femme superbe de fureur, « femme au bouclier » selon l'expression des sagas.

Un monument inestimable commémore, en caractères runiques, cette bataille et confirme le récit de la saga.

C'est le Dighton righting rock dont l'inscription a été déchiffrée par les savants professeurs de Copenhague, MM. Christian Rafn et Finn Magnuson.

Thorfinn organisa des excursions à l'intérieur des terres et acquit la certitude que le Vinland faisait partie d'un très vaste continent vers lequel les navigateurs pouvaient à coup sûr mettre le cap, certains d'y trouver de bons mouillages abrités.

Il rallia le Groenland en 1011, avec de grandes richesses. Les capitaines de Thorfinn ne revinrent pas tous; l'un d'eux même fut noyé dans une circonstance qui vaut d'être rappelée, car elle indique la mentalité, la forte nature de ces rois de l'Océan.

Dans la mer de Groenland, le vaisseau que commande Byarn Grimoldson est attaqué par les tarets, qui ont bien vite troué la carène. Il faut abandonner ce navire; Byarn fait mettre à l'eau une embarcation goudronnée de poix de phoque, à l'abri par conséquent du terrible insecte ravageur; mais ce canot ne peut contenir que la moitié de l'équipage; il est alors convenu qu'entre tous, chef et matelots, le sort décidera ceux qui auront la vie sauve; Byarn est favorisé: au moment où la barque va déborder du navire condamné, Byarn s'entend interpeller par un jeune matelot que la destinée voue à la mort:

« Byarn, vas-tu m'abandonner ici ?

— Hélas ! il le faut...

— Ce n'est pas ce que tu m'as promis quand tu me fis partir d'Islande : tu as juré que je reverrai mon père.

— Connais-tu un moyen ?

— Oui, prends ma place, je prendrai la tienne. »

Byarn réfléchit un instant.

« Tu as donc peur de la mort ? Au fait, tu es jeune, et moi au déclin de mes jours... embarque... »

Il remplace donc le jeune Islandais et peu après s'engloutit à bord de son navire. .

N'est-ce pas que la scène est belle ?... et que ces Normands furent de braves gens ?

A l'exemple de Thorfinn, partirent en Amérique des essaims d'émigrants, des convois de navigateurs, de commerçants, d'agriculteurs.

Les limites étroites d'une conférence ne me permettent pas de détailler ici ces nombreuses expéditions : je renvoie aux ouvrages de Rafn, de Torfœus, de Beauvois, de Snorre-Turleyson, aux Mémoires de la Société des Antiquaires du Nord et au livre de mon ami Gravier : *Découverte de l'Amérique par les Normands au Xe siècle*.

Je noterai cependant un fait d'importance capitale, à savoir que les Normands d'Islande remarquèrent, dans leurs pérégrinations, un courant polaire qui les menait droit sur le Vinland et une branche du Gulf-Stream qui les rapportait au nord-est. Ce phénomène océanique dut grandement les servir ; pilotes très avisés, ils employèrent les routes pélagiques que leur fournissait la circulation planétaire.

Et ceci explique pourquoi les Normands ont exploré le nouveau continent bien plus avant que le cap Cod ou Long-Island ; on a retrouvé leurs traces indiscutables sur le Potomac, sur les rives de la Floride, plus loin encore, dans le Brésil, à Bahia.

Et j'indique encore que c'est au retour d'un voyage en Islande, que Christophe Colomb, en 1477, proclame l'existence d'un continent sous l'horizon d'ouest. Le fin Génois s'était préalablement documenté ; mais, soucieux de sa gloire, il négligea d'indiquer ses sources. Tous les jours, l'impartiale histoire comble cette lacune.

LES NORMANDS EN RUSSIE

Nous avons vu que l'émigration norvégienne commence au VIIIe siècle de l'ère. En partie, l'essaim vint au nord de la Slavie, d'où il délogea la population autochtone et s'installa sous le nom de Varègues.

Les Slaves établis du lac Ilmen à la mer Noire formaient des tribus féroces, en état de guerre civile perpétuelle. Novogorod et Kieff, cités assez prospères, se trouvaient en butte à de périodiques déprédations.

C'est alors que les hommes sages virent qu'ils s'épuisaient. Dans une assemblée de salut public, quelques voix dirent : « Cherchons un prince qui nous donne des lois et nous force à les exécuter. »

C'était une de ces assemblées historiques qui représentent la conscience plénière d'une race en péril, par lesquelles s'exprime, violent et souverain, l'instinct de la conservation.

Par acclamations unanimes, on décida de s'adresser à ces Varègues dont tous appréciaient la force, l'esprit de justice, la sens de la solidarité.

Les Varègues goûtèrent fort l'hommage ainsi rendu à leur supériorité sociale et apprécièrent mieux encore la bonne aubaine qui se présentait. Ils acceptèrent donc volontiers l'offre que leur faisaient les chefs des tribus venus en ambassade.

C'est ainsi qu'en l'an 867, Rurik vint en Slavie avec ses frères Sinéous et Trouvor, et fut à Novogorod proclamé « Grand Prince ».

Il avait, ce Rurik, la main ferme, aussi dure à ses amis qu'à ses nouveaux sujets ; c'est pourquoi deux de ses propres guerriers, Ascold et Dir, le quittèrent pour s'enfoncer plus au sud. Ces derniers arrivèrent à Kieff, qu'ils soumirent et dont ils se proclamèrent rois. Très ambitieux, visant déjà Byzance, cette riche proie, Ascold et Dir appelèrent d'autres aventuriers varègues. Ils réunirent sur le Dnieper une flotte de deux cents navires et parurent sur le Pont-Euxin : mais une tempête détruisit cette escadre mal commandée; Ascold et Dir se réfugièrent à Kieff.

En l'an 879, à Novogorod, mourait Rurik, laissant un fils en bas âge, Igor, qui fut placé sous la tutelle de son oncle Oleg, frère de Rurik.

Oleg avait connu les aventures d'Ascold et Dir; la fugue et les ambitions de ses anciens frères d'armes lui inspirèrent un double sentiment: colère pour leur félonie, mépris pour leur échec.

Il leva une armée, vint à Kieff, fit périr ceux qu'il appelait « traîtres », et qui, dans l'absolu, n'étaient que « précurseurs ». En orientant la Russie vers Constantinople, n'avaient-ils pas essayé d'écrire le premier mot du testament de Pierre-le-Grand?

Oleg s'éprit de sa nouvelle capitale, promit qu'il ferait de Kieff « la mère de toutes les villes russes ». De cette époque effectivement date l'essor ds Kieff et de la Russie. Grand administrateur, ayant la prescience des hauts facteurs économiques qui assurent le progrès de la civilisation, Oleg organisa un mouvement de circulation commerciale et d'échanges au moyen de la voie fluviale qui, par Novogorod, Smolensk et Kieff, fait communiquer la Baltique à la mer Noire.

Ici se place une idylle charmante. Tandis qu'Oleg gouvernait, Igor grandissait et avait déjà dépassé l'âge de la majorité; chasseur passionné, le jeune prince ne réclamait point de son tuteur la remise du pouvoir souverain.

Dans un de ses déplacements cynégétiques, il rencontra une jeune paysanne varègue, dont il s'éprit au point de vouloir l'épouser. Instruit de ce projet, Oleg s'indigna d'abord, puis, philosophe, comprit que les sages vieillards ne peuvent rien contre l'amour. Il céda.

Quittant son humble demeure, la future princesse fut amenée à Kieff en grande pompe, sur un char que suivaient Igor et ses amis ; quand la fiancée releva son voile. la foule, toujours sensible à la jeunesse, à la beauté, à l'amour, poussa d'enthousiastes acclamations.

Et telle est la toute-puissance du charme féminin, que le duc Oleg fut lui-même conquis, ravi. Recevant sa jolie nièce, il la proclama sa fille adoptive, lui donna donc son propre nom féminisé, « Oléga » (dont la postérité a fait Olga). De plus, il lui offrit en cadeau de noces un palais magnifique.

Si le fin politique Oleg avait, après réflexion, fait si riant visage au roman princier, c'est qu'il y trouvait son compte. Tout à la passion, son royal neveu ne lui laissait-il point le pouvoir ?

Au surplus, Oleg menait la Russie avec la sage maîtrise, l'énergie d'un grand souverain.

Il reprit le projet d'Ascold et Dir sur Byzance, réunit une flotte de deux mille navires et parut devant la Corne-d'Or, que l'empereur Léon VI avait fait barrer par une chaîne de fer.

Mais ce Byzantin croyait moins aux chaînes de

fer qu'aux chaînes d'or ; ses ambassadeurs présentèrent à Oleg la question comme une affaire financière. Admirablement pratique, Oleg accepta les cadeaux, véritables richesses qu'il dit recevoir non pour lui, mais pour Kieff. De plus, il stipula des avantages particuliers en faveur des commerçants russes qui viendraient à Byzance.

L'empereur Léon donna de grandes fêtes en l'honneur de ce capitaine intrépide qui savait être un avisé politique et qui se contentait, avec tant de bonne grâce, d'un simple traité de commerce à titre d'épilogue d'une invasion.

Oleg représente une des physionomies les plus complètes de ce génie normand, fait de hardiesse, d'habileté, de sens pratique, d'esprit de décision. Il mourut peu après, suivi dans la mort par la reconnaissance publique.

L'âme normande prend à cette heure la direction de la Russie et l'oriente vers de sublimes destinées.

Nous touchons, du reste, à l'apogée de notre race.

Sur la Russie s'élève une figure, étoile de première grandeur, Olga. Devenue veuve, elle confirme l'alliance avec l'Empire byzantin, se convertit au christianisme et se fait baptiser sous le nom d'Hélène.

La Normande Olga est une sainte du calendrier grec et demeure la Patronne de la Russie.

Nous ne poursuivrons pas plus loin l'étude des

Normands russes ; au surplus, dans les choses humaines, je crois bien que le commencement seul est intéressant ; le surplus, simple consécutif, n'a que l'humilité d'un corollaire.

Le commencement est « prince » (*principium*, dit le latin). Que sont les événements ultérieurs ? Le sujet, la suite, — dans les deux sens du mot.

LES NORMANDS DANS LA MÉDITERRANÉE

Au moment même où Guillaume le Conquérant écrivait avec son épée une page superbe de notre « Livre d'Or », les gens de chez nous achevaient en Italie, en Sicile, dans le Levant, une épopée vraiment extraordinaire.

Depuis qu'ils avaient été convertis au christianisme, nos aïeux s'affirmaient ardents pèlerins pour aller en Terre sainte. La foi y était bien pour quelque chose, mais plus encore la passion des découvertes, de l'inconnu, des horizons nouveaux.

En 1016, quarante chevaliers normands, qui, le bourdon à la main et l'épée au côté, revenaient de la Palestine, firent escale à Salerne et trouvèrent la ville affolée. En effet, une escadre sarrazine, hier apparue, menaçait de tout saccager si les habitants ne payaient une lourde rançon. Le duc Gaimar III avait ordonné des collectes et s'apprêtait à opérer le versement, lorsque les Normands lui firent honte de sa pusillanimité. Et, sans plus tarder, nos quarante gaillards, l'épée haute, se précipitèrent sur les Sarrazins, lesquels, pris de panique, se sauvèrent éperdument.

Comment reconnaître pareil service ? Gaimar, galamment, proposa la somme déjà préparée pour les Sarrazins. Nos pèlerins protestèrent... d'abord. Pour qui les prenait-on ? Ils avaient fait cela par esprit de justice, pour la gloire, pour « la amor de Dieu », dit la chronique d'Aimé. Ils ajoutèrent néanmoins que... s'ils devaient accepter quelque cadeau, ce serait uniquement pour ne pas désobliger un hôte aussi aimable ; ils ne voudraient pas sembler faire fi d'un bon procédé...

Bref, « ils touchèrent ».

Les Salerniens, et pareillement les Salerniennes, manifestèrent du mieux qu'ils purent leur reconnaissance aux valeureux étrangers.

Revenus dans leurs foyer, nos voyageurs firent grand récit des richesses que contenait l'Apulie, de la possibilité d'y faire fortune, de la certitude d'y mener joyeuse vie.

Il n'en fallut point davantage pour éveiller le flair subtil des Normands, chercheurs de gains, friands d'aventures.

C'est alors qu'apparaissent six chevaliers dont les destinées semblent fabuleuses et sont pourtant rigoureusement historiques.

Fils d'un gentilhomme normand, Tancrède de Hauteville, près Coutances, ils se nommaient Drogon, Honfroy, Guillaume dit Bras de Fer, Hermant,

Robert, surnommé Guiscard (le Rusé), et Roger, tous pauvres d'escarcelle, mais riches de cœur.

Je ne referai pas ici, après tant d'autres, le récit détaillé de leurs exploits : il me suffira de rappeler qu'en quelques années, ces soldats de fortune et de génie, soutenus par des flibustiers et batteurs d'estrade dont l'énergie des chefs faisait d'excellentes troupes, avaient vaincu les généraux du basileus grec, taillé en pièces les reîtres de l'empereur d'Allemagne, Henri III, mis en fuite l'armée papale, fait prisonnier (du reste avec les plus grands honneurs) le Souverain Pontife lui-même, balayé les derniers pirates arabes, conquis définitivement l'Apulie, la Sicile.

Mais, aussi, quels hommes que ces jeunes colosses ! Quels admirables types de beauté ! On raconte que Guillaume Bras de Fer fend en deux son adversaire d'un seul coup d'épée. Du superbe Guiscard un chroniqueur dit : Sa stature excédait celle des hommes les plus grands de son armée ! » Au siège de Reggio, Roger culbute, comme en se jouant, un géant redoutable. Tel autre assomme un cheval à coups de poing ; celui-ci étrangle net un lion. Tous possèdent une force herculéenne où s'extasient les amis et qui fait l'effroi des adversaires. Pareille supériorité physique crée autour de ces chevaliers une puissance morale, je ne sais quel magnétisme contagieux.

Médusé par l'ascendant qu'exercent partout nos

hardis capitaines. l'empereur d'Orient, Michel VII, apprenant que Guiscard, l'un d'eux, a une fille, la demande en mariage pour son fils Constantin Porphyrogénète, présomptif héritier.

Très flatté par une semblable alliance, le « Rusé » accepte, non cependant sans s'être fait prier. Il espère voir sa fille Hélène sur le trône. Mais voici que Nicéphore Botoniate, usurpant le rang suprême, jette Michel dans un couvent, Hélène dans une prison, après avoir ordonné la mutilation de Constantin.

Guiscard annonce qu'il va venger sa fille et son gendre. La fureur du Normand est grande, réellement : il la rend plus grande encore, diplomatiquement ; un but radieux éblouit son âme de condottière : une *possibilité* inouïe se présente... ; le petit gentilhomme du Cotentin va-t-il devenir basileus d'Orient ?

Devant les obscures contingences du Destin, Guiscard profère cette altière interpellation : « Pourquoi pas ? »

L'échiquier politique se trouve soudain bouleversé par une révolution du palais qui détrône Nicéphore au bénéfice d'Alexis Comnène. Celui-ci, joueur habile, croit désarmer Guiscard en rendant la liberté à Hélène et la pourpre à son dérisoire mari.

Mais Guiscard est lancé : ayant préparé la guerre contre Nicéphore, il la fera contre Alexis ; plus d'injures à venger, certes, mais une soif d'ambition à étancher. Les ennemis disparaissent, cependant que le but prodigieux demeure : la ville, la seule Ville, celle de Constantin le Grand...

L'intrépide chevalier prononce la devise de ses ancêtres : « Plus oultre ! » Il attaque l'Empire grec avec une flotte de 160 navires et une armée de 30,000 hommes ; tout d'abord, il investit le port de Durazzo, enlevé après un siège mémorable (1081).

C'est alors qu'apparait en scène le fils de Guiscard, notre célèbre et charmant Boëmond, une des figures les plus attachantes, non seulement de l'histoire normande, mais de l'histoire universelle.

Obligé de revenir dans la Pouille, où des troubles venaient d'éclater, Guiscard avait laissé son armée de Grèce sous le commandement de Boëmond, qui, dans ce poste, accomplit de véritables prouesses avec une surprenante maëstria.

Il fit campagne contre Alexis, le battit à Janina, à Larisse, à Buthrinte, où Guiscard, sa besogne de répression achevée, était venu le rejoindre.

Découragé, Alexis se réfugie dans Salonique, laissant la route libre jusqu'à Constantinople.

L'invincible Guiscard touche au but, à la réalisation du rêve... ; or, il va mourir, en pleine gloire, par trahison.

Ce grand homme de guerre n'est pas un grand homme dans l'absolu, puisqu'il n'a pas résolu le problème de la femme,

Mari de la douce Alvarède, femme de bravoure et de loyauté, qui lui donna Boëmond, Guiscard, féru d'ambition aristocratique, l'avait sans raison répudiée pour épouser Sykelgaite, fille de Gaimar, prince de Salerne. Il avait ainsi failli à la Bonté, principe de l'univers; il avait également failli à sa race, puisque, dans la lignée normande, dans l'âme ancestrale, il introduisait l'âme italiote — j'allais dire iscariote...

Et pourquoi non ?... puisque la traîtresse Sykelgaite administra du poison à Boëmond qu'elle détestait et à Guiscard dont elle redoutait la vengeance.

La robuste constitution de Boëmond le sauva, mais Guiscard mourut.

Dépouillé par Sykelgaite et son fis Roger de l'héritage paternel, Boëmond restait prince de Tarente.

La destinée du héros n'est pas finie.

En lui, le génie de la guerre domine tout : oubliant sa rancune, réconcilié généreusement avec son frère, il faisait pour le compte de celui-ci le siège d'Amalfi, lorsque apparaissent les croisés qui, sous la conduite de Godefroy de Bouillon, vont comme en extase vers le tombeau du Christ.

Boëmond s'enthousiasme pour cette entreprise presque surhumaine; voilà une conjoncture digne de lui !...

Ce général, qui est aussi un orateur à la voix chaude et prenante, adresse aux soldats une harangue enflammée; ceux-ci, galvanisés, crient : « Dieu le veult ! » et suivent leur chef vers Jérusalem.

L'empereur Alexis est, comme bien on pense, effrayé de voir surgir à nouveau devant lui le terrible Normand qui lui a déjà fait sentir le poids de ses armes; mais, cauteleux, diplomate, il s'affirme très accueillant et prie Boëmond de lui rendre visite au palais de la Corne-d'Or.

Boëmond, qui sait Alexis sans scrupules et capable de tout, refuse d'abord cette dangereuse invitation. L'honnête et confiant Godefroy de Bouillon garantit l'honnêteté de l'Empereur. Boëmond, plus sceptique, n'est point rassuré; mais passer aux yeux de ses compatriotes pour un poltron, cela humilie la superbe de notre preux. Il se présente délibérément à Boucoléon, aux portes du Palais-Sacré.

Cette hardiesse fut jugée à la Cour comme geste de rare élégance. Alexis s'en montra aussi flatté que profondément touché et fit à son hôte une réception royale.

On nous dépeint, du reste, le prince normand comme un vrai séducteur : ce grand gaillard blond, aux yeux fins, brave, gai, spirituel, beau cavalier, bien découplé, copieusement râblé, serviable aux hommes, très galant vis-à-vis des femmes, eut à Constantinople le plus grand succès. Il fit notamment la conquête, en tout bien tout honneur, —

nous ne l'affirmerons jamais trop, — de la propre fille d'Alexis, cette Anne Comnène qui est demeurée célèbre par son talent d'écrivain et d'historien.

Dans son poème de l'*Alexiade,* voici quel portrait elle trace de Boëmond : « Il n'y avait pas dans tout l'Empire romain d'homme qui lui fût comparable, Grec ou Barbare ; il semblait porter en lui la vaillance et l'amour; il ne le cédait qu'à l'Empereur, mon père, pour l'éloquence et les autres avantages dont la nature l'avait comblé. »

Ceux qui prétendent (et ils sont nombreux) qu'Anne Comnène ne conçut pour Boëmond aucun sentiment tendre font valoir qu'elle le poursuivit plus tard de sa haine : le raisonnement me paraît d'une psychologie insuffisante...

Quoi qu'il en soit de ce joli problème féminin, Alexis ne pouvait pas décemment emprisonner ou empoisonner un hôte que sa fille jugeait si favorablement. Et, s'il avait conçu quelque insidieux dessein, la bonne grâce du prince étranger l'en préserva.

En 1907, Boëmond quitte ce palais d'enchantement pour reprendre campagne avec les croisés ses camarades : il échange de magnifiques coups d'épée avec Saladin, et les annalistes du temps célèbrent à l'envi sa prestigieuse valeur.

Devenu prince d'Antioche, notre paladin eut encore d'autres aventures mirifiques que je passe, non sans regret. Il épousa Constance, la propre fille du roi de France, Philippe Ier. Les noces furent célébrées dans la cathédrale de Chartres : à la fin de la cérémonie, Boëmond, debout sur le jubé, fit un discours, narra la croisade, dépeignit les souffrances des chrétiens, s'indigna, fut pathétique, prêcha la guerre sainte. Electrisés par cette éloquence, les chevaliers voulaient incontinent prendre la croix. Mais le roi Philippe s'y opposa, ne voulant point voir partir la fleur de sa noblesse. Fier d'avoir un gendre aussi vivant, il le trouvait tout de même un peu trop entraînant.

Entraînant, il le fut. Vous avez pu le constater, puisque son souvenir nous a emmenés bien au delà des limites que je lui avais assignées. Et, dans cette rapide revue de personnages significatifs, j'ai dû négliger les noms inoubliables pourtant de Tancrède, cousin de Boëmond, et de Richard Cœur de Lion.

Je termine par cette réflexion. Pour brillante qu'elle fut, l'épopée des Princes normands ne laissa pas de traces durables, tandis que la conquête de Guillaume eut sur les destinées du monde une influence déterminante.

L'œuvre du Bâtard fut une puissante commotion, je ne sais quel raz de marée qui souleva les couches profondes de l'humanité et donna le branle à des courants mondiaux. Les chevauchées des seigneurs d'Hauteville me représentent quelques vaguelettes étincelantes qui viennent s'amortir aux plages ensoleillées.

Mais nous, Normands, devons saluer avec la même vénération les mânes de ceux-ci et la mémoire de celui-là.

LES NORMANDS EN FRANCE

A partir de Jeanne d'Arc, nous l'avons vu, la Normandie fait partie intégrante de la France. A-t-elle fini son rôle ? Oh ! que non pas. Revenue au giron de la Mère Patrie, notre généreuse province la pénètre, lui infuse son génie; perdant son indépendance, la Normandie n'a point abdiqué sa vertu propulsive, sa puissance de vie.

L'activité des Normands demeure visible longtemps encore et reconnaissable dans les annales françaises. Si je voulais raconter cette fin d'histoire, ce n'est pas une conférence que j'y emploierais, mais une série de conférences.

Je dois me borner à une énumération presque sans commentaires. Cela va ressembler à une table des matières. Mais la matière est si belle, si riche, qu'elle suppléera aisément à la sécheresse, à la pauvreté du sommaire — maigre sommaire par ce qu'il dit, somptueux par ce qu'il représente.

Et les titres des chapitres qui vont suivre, je les appelle, hardiment et d'avance, des titres de gloire !

Au XIVe siècle, les marins dieppois et honfleurais, continuant les exploits de leurs ancêtres, installent des comptoirs en Afrique et doublent le cap de Bonne-Espérance.

Jean Cousin, en 1488, quatre ans avant Colomb par conséquent, débarque en Amérique. On n'a pas suffisamment remarqué que, dans sa traversée de l'Atlantique, le vaisseau de Colomb était précédé par une caravelle, la *Pinta*, commandée par Vincent Pinçon. Or, qu'était ce Vincent Pinçon ? Un ancien matelot de Cousin, qui connaissait la route.

Jean de Béthencourt conquiert les Canaries ;
Cavelier de la Salle, le Canada et la Louisiane.
Berthelot explore Sumatra ;
Parmentier, Madagascar ;
Jean Denis, Terre-Neuve ;
Binot-Paulmier, le Brésil.

Dans l'ordre artistique, les Normands, après avoir édifié les premières églises romanes, inventent l'ogive, dont ils se servent pour élever plus haut leurs merveilleuses cathédrales.

Ils créent, dans la céramique, un style, le « Vieux Rouen », qui s'illustre de chefs-d'œuvre signés Abaquesne, Poterat, Guillibaud.

Dans l'ordre juridique, ils établissent la « Coutume de Normandie », modèle de sapience qui a passé presque entièrement dans le Code civil. Ils fournissent la plus large contribution aux lois et règlements maritimes dont les principes sont toujours en vigueur. Le « Guidon de la mer », notamment, est l'œuvre d'un Rouennais.

Dans le domaine politique, les premiers ils revendiquent les franchises municipales, donnant ainsi la vie à cette cellule sociale qui s'appelle « commune ». Ils obtiennent la « Charte aux Normands », vraie formule de décentralisation.

Dans l'ordre littéraire, ils s'enorgueillissent d'une incomparable pléiade de génies et de talents : Robert Wace, Guillaume de Jumièges, Taillefer, Orderic Vital, Gringoire, Olivier Basselin, Alain Chartier, Jean Le Houx, Bois-Robert, le notaire Jacques Le Lieur, Malherbe, les deux Corneille, Saint-Amant, Fontenelle, Bernardin de Saint-Pierre, Casimir Delavigne, Octave Feuillet, Barbey d'Aurevilly, Flaubert, Bouilhet, Maupassant, Armand Carrel, Albert Glatigny, Hector Malot, Albert Sorel, Léopold Delisle, Louis Liard, etc.

De plus, ne pourrais-je réclamer comme un des nôtres Mérimée, dont le père et la mère étaient de Bernay ? Vacquerie n'est-il pas de Villequier ?

Quel est le pays qui peut citer :

Des peintres et graveurs comme Poussin, Jouvenet, Géricault, Hyacinthe Langlois, Renouf, Boudin, l'immortel Millet, sans compter les vivants, ces admirables impressionnistes qui s'appellent : Claude Monet, Lebourg ;

Des architectes comme Roulland Leroux, Jean Salvart, Jean Davy, Pontifz, Alavoine, Grégoire ;

Des sculpteurs comme Michel Anguier ;

Des ivoiriers comme les Dieppois ;

Des légistes comme Thouret, Robert Lindet et Demolombe ;

Des économistes comme Lecouteulx de Canteleu, Boisguilbert, Le Play, Leroy-Beaulieu ;

Des musiciens comme Boieldieu, Auber, Saint-Saëns ;

Des ingénieurs comme le génial Salomon de Caus, Brunel, Désiré Martin, Augustin Normand.

Des navigateurs comme Pont-Gravé, Doublet, de Blosseville, l'amiral Cécille, Dumont d'Urville, Duquesne, l'amiral Hamelin, Adigard, et tant d'autres marins de l'Estuaire dont les noms rempliraient une page ;

Des colonisateurs comme Gamart, Cauche, Parmentier ;

Des savants comme Descelliers, Laplace, Fresnel, Pouchet, Vauquelin, Jacques Daviel, de Caumont, Leverrier ;

Des négociants comme ce Jacques Le Pelletier, dont les Vénitiens exigèrent la signature pour prêter de l'argent au roi Charles VIII ;

Des armateurs comme Jean Ango, dont la flotte marchande tint en échec l'escadre du Portugal ?

Et laissez-moi ajouter que ces grands noms du commerce mondial ont eu et ont encore de dignes continuateurs. J'y pense volontiers quand je remonte certain boulevard surnommé (et pour cause) la « Côte-d'Or ». Il va, ce boulevard Cauchoise, du quai Gaston-Boulet à la statue de Pouyer-Quertier : deux noms évocateurs.

On ne me pardonnerait pas d'oublier que l'art si fin et si féminin de la broderie eut pour première ouvrière la reine Mathilde, auteur de la « tapisserie de Bayeux ». Et je constate, avec joie, la rénovation chez nous, à Caen, Grand-Couronne et ailleurs, de cette industrie dentellière dont le « point d'Alençon » reste une des marques les plus célèbres.

Et tant d'artisans géniaux, ferronniers, sculpteurs, verriers, émailleurs, imaigiers, qui ont mis des trésors dans nos cathédrales (ces incomparables reliquaires), combien je regrette qu'ils soient restés dans l'anonymat ! Tous ces inconnus qui n'ont pas eu la gloire, saluons-les avec respect.

Les Normands possèdent une esthétique à eux : leur sens de l'équilibre et de la mesure, leur intuition du pittoresque, ils ont exprimé tout cela dans leurs œuvres : la maison normande, — l'armoire normande, — la coiffe des femmes, — les croix normandes et Saint-Esprits, précieuses orfèvreries, — l'indienne, — la rouennerie, — l'impression sur cretonne... et même (*paulo minora...*) l'art culinaire !...

Il n'est pas jusqu'à la ferme normande dont ils n'aient fait un chef-d'œuvre du genre, comme assolements, fruits, fleurs, races et croît d'animaux, sélection de graines et de greffes.

Oui, nous avons le droit d'être fiers de notre province !

Je m'arrête là, tout de bon.

Et, après cette crise d'orgueil, laissez-moi faire un aveu d'humilité.

Il n'est qu'un art dans lequel le Normand soit inférieur .. C'est, — vous avez pu ce soir en juger, — c'est l'art de la conférence...

LE MILLÉNAIRE DE LA NORMANDIE

Fêter le millième anniversaire de juin 911, c'est commémorer un des plus grands événements de l'histoire.

Et nous pensons qu'à la France devraient se joindre d'autres nations : car le champ d'action scandinave dépasse de beaucoup la petite Neustrie.

Le sang nordique s'est allié aux deux Amériques, à l'Angleterre, à la Russie, à l'Italie, au Portugal, à Byzance, à l'Asie antérieure, à l'Afrique même.

Raconter en quelques pages une si vaste migration, résumer pareilles conjonctures, il n'y faut pas songer.

Tout au plus pourrai-je indiquer les grandes lignes, noter quelques faits saillants, esquisser une ou deux figures caractéristiques.

On a recherché les causes de l'exode qui, du fjord ancestral, fit sortir les « rois de mer ». A quoi bon? Veut-on les raisons qui déterminent l'essaimement de telle ruche à l'heure prescrite où s'envole une reine d'abeilles? — forces de la nature qui ne sont point de *nous* et dont les secrets ne sont point *pour nous*.

Soumise aux lois de la vie planétaire comme toute autre végétation tellurique, l'espèce humaine plonge dans le mystère. Originellement, en tant que reliées avec l'hypogée, les races ne nous appartiennent pas — non plus que les racines.

Le cours des choses est un spectacle : leur source est un abîme.

Pour l'histoire positive, la première mise en marche des émigrants fut déterminée par la géographie. Du continent, il n'y avait pas loin jusqu'aux îles Shetland, pas loin de ce dernier archipel jusqu'aux Feroë — pas loin non plus des Feroë aux Orcades. Jusqu'à l'Islande, le pertuis ne parut point trop large à nos rudes marins. Des côtes islandaises au Groenland, c'était l'affaire d'une belle tempête enlevant les barques sur son haleine formidable. — Enfin, le Groenland n'est-il pas longé par un courant polaire qui porte directement vers Terre-Neuve, le Labrador et le Nouveau-Monde !

Ouvrez l'atlas : le schéma des explorations y est écrit. Le chemin y est tracé : c'est un gué.

Et alors, ces légendaires navigations, longtemps niées parce qu'impossibles, sont maintenant acceptées parce que faciles.

... Faciles (entendons-nous bien) pour des marins comme ceux-ci : Bjarn, Erik le Rouge, Leif, Thorfinn, Thorstein, tous ces rois de mer qui demeuraient sur les vagues et se vantaient de ne jamais dormir sous un toit, tous ces gladiateurs de l'Océan, ces magnifiques aventuriers qui eurent pour compagnes, pour excitatrices, des femmes intrépides, les Gudrida, les Freydisa, les Syasl-la-Blonde, les « vierges du bouclier ».

Des ouvriers comme ceux-là ne furent-ils point promis à des œuvres gigantesques ? Quelle épopée ne pouvaient accomplir pareils héros ?

Par eux, par ces « pirates », fut fondé, aux rives transatlantiques, un empire non point politique, mais commercial et maritime, un ensemble de factoreries qui prit nom « Vinland » (pays du vin).

Le vin, en effet, les pelleteries, le bois, les vivres conservées, devinrent objets d'échange avec les produits européens.

La colonie nouvelle et la mère patrie eurent, l'une par l'autre, une ère de prospérité, jusqu'au jour où les trois couronnes (suédoise, danoise et norwégienne) furent réunies sur un front de femme (1387).

Marguerite de Valdemar, conseillée par des favoris cupides et des ministres incompréhensifs, voulut remplacer l'activité libre par des monopoles d'Etat, prétendant substituer aux concurrences fécondes une hiérarchie fiscale immobilisante.

Les colons, précurseurs des « pilgrins », gens à « la nuque raide », réfractaires au joug, ne s'inclinèrent point. Ils prétendirent résister à ces compressions, abortives de toute gestation sociale, délétères à toute floraison humaine.

Les germes de vie intense qu'ils représentaient,

stérilisés là, ne périront point, cependant. Les nordiques s'évadèrent : on retrouve la trace de leur exode sur le Mississipi, le Mexique et même dans l'Amérique méridionale.

Brasseur de Bourbourg, dans son étude sur le « Popol-wuh » et les civilisations antécolombiennes, a depuis longtemps noté les étranges rapports qui existent entre l'art antécolombien de l'Amérique centrale et les monuments d'Europe. L'hypothèse saisissante qu'il a émise, à savoir qu'un élément scandinave à dû laisser ici sa trace, compte des partisans chaque jour mieux convaincus.

L'exode normand au Nouveau-Monde est tout au long raconté dans les Sagas islandaises.

— Peuh ! dira un sceptique, les Sagas, ce sont « des histoires » : ce n'est pas de l'histoire... des légendes... des poèmes... Homère... Ossian... les trouvères... les Niebelungen... le roman de la Table ronde...

En aucune façon... il s'agit là d'histoire positive, attestée, non point seulement par la mémoire des hommes, non point par les traditions vocales, non point par des poèmes ou rhapsodies, mais par des monuments, des inscriptions visibles encore — notamment par le « Dighton righting rock » qui, point par point, corrobore le récit de la Saga de Thorfinn et qui donne même le nombre des émigrants.

Le lecteur comprendra que je ne puis instituer

ici une discussion détaillée sur ce point. Je renvoie simplement, sincèrement et résolument : 1° aux travaux de Rafn « Antiquitates americanæ » ; 2° au Flattey-Book (inestimable manuscrit d'où résultent de précieux « recoupements » avec les Sagas); à Adam de Brême qui écrivit en 1070, à Snorre Saint-Loyson qui vivait au commencement du XIIIe siècle ; 3° aux découvertes de sépultures retrouvées, par lesquelles on jalonne chaque jour de plus près l'itinéraire de cette retraite tragique qui porta les Scandinaves vers l'Hinterland américain, après l'oppression waldemarienne.

Je me permets donc d'écrire cette phrase : « Bien avant Colomb, les Normands colonisèrent le Nouveau-Monde. »

Du reste, l'histoire même de Christophe Colomb (bien que soigneusement expurgée par ses historiographes) laisse percer cette vérité, par deux fois au moins.

Tout d'abord, on nous raconte qu'en 1477 et années suivantes, le « fin Génois » fit des croisières en Islande et dans la mer du Groenland ; qu'y allait-il donc faire? Eh! mon Dieu, se documenter sur les explorations normandes dont il voulait se servir. Il avait bien raison! Mais pourquoi nous le cacher? En histoire, tout finit par se savoir.

Et ensuite, réfléchissez à cette particularité : lors de la célèbre traversée de 1492, le vaisseau amiral monté par Christophe était précédé par une caravelle dont il suivit docilement le sillage ; cette caravelle nommée la « Pinta », qui donc la commandait ? *Alonzo Pinzone* ; prononcez cela en français : « Alphonse Pinçon[1] ». C'était un transfuge de la flotte qu'en 1488 Jean Cousin, un Honfleurais, avait conduite au Brésil (et c'est même par suite d'un désaccord entre Pinçon et Colomb que l'Armada espagnole, déviant au Nord, cingla vers les Antilles).

. . . .

L'Amérique est donc une des directions que suivit le flux des énergies normandes : mais il y en eut d'autres, dont une nous intéresse particulièrement : la Neustrie.

Dès le VIIIe et le IXe siècles, drakkars et sneggars infestent toutes les côtes ouest de l'Europe, étendant leurs déprédations depuis la Frise jusqu'à l'Espagne, bravant l'empereur Charlemagne. Et celui-là pleura, devinant bien que sa débile race sera vaincue par l'intrépidité de l'envahisseur. Leur force morale se révèle en cette réponse altière à une interpellation :

— Quel est votre chef ?

— Nous n'en avons pas.

Il y a dans cette réponse toute une âme... On aperçoit de fortes individualités, unies de volonté mais point dépendantes, demandant à chaque personne

1. Le frère de Jean Pinçon commandait une autre caravelle : c'était Jean Vincent (Janes Vicente).

un maximum d'effort et d'initiative, personnalités jalouses de « l'habeas corpus » et du « self government [comme dira plus tard une forte race issue d'eux], gardant la vertu d'essaimement.

Le ressort de leurs actions, c'est la solidarité, la commune énergie tendue vers le même but, l'instinctive cohésion dans l'attaque. Ils n'obéissent pas, ils agissent, sinon par affinité naturelle, au moins par cohésion consentie ; leur discipline est une vertu secrète de leur raison, un acte de bon sens.

Une figure centrale se détache sur ces temps troublés : Roll.

Il a écumé tous les rivages, celui-ci, connu tous les estuaires; or, si parfait est son bon sens, si juste sa vision des choses et des hommes, que, dédaignant le Rhin, l'Escaut, la Tamise, la Loire, la Garonne, il jette son dévolu sur la Seine ; choisissant le plus beau des fleuves (le plus « civilisable », dira Michelet), le fleuve aux eaux claires, au lit profond, visité deux fois le jour par l'Océan, le fleuve incomparable qui traverse une province fertile sous un ciel clément, au bord duquel travaille une population sage et saine.

Et, peu après, cet aventurier devient chef d'Etat, organise sa conquête et fonde le « duché de Normandie » : c'est vers cette grande mémoire qu'iront nos pensées en ces jours de liesse commémoratifs.

Très haute personnalité humaine, ce Roll qui, après avoir montré tant d'énergie, tant de génie, s'arrête au seuil de l'égoïsme ; n'est-ce pas lui qui, parvenu au pouvoir absolu, s'en démet volontairement ?

Son abdication est un admirable exemple de modestie et de sagesse ; ne voulant pas déchoir du trône, il en descend.

Ayant conscience des grands instincts d'une collectivité, se sentant vieillir, il se démet avant la décrépitude.

En mourant, le conquérant macédonien disait : « au plus digne » ; c'est par la même inspiration que Roll dit : « à un plus jeune », et il le dit en pleine conscience de vie.

. . . .

Evoquons une autre figure représentative de la race, celle de Guillaume le Conquérant. Dramatique et solennelle l'ascension de cet enfant vers le rang suprême ! C'est un modèle d'énergie, de patience, de sang-froid. Menacé, pourchassé, il se garde, s'impose, soumet les barons qui le renient et le traitent de paria ; à peine adolescent, le voici duc de Normandie, peu après roi du plus beau royaume alors connu. Chef d'armée invincible, il se fait après la victoire organisateur d'un nouvel ordre social, d'une dynastie dont se réclament encore la plupart des familles souveraines qui règnent sur l'Europe.

Etrange destin d'un petit bâtard !

La végétalité vous donne image pareille : jetez un grain au hasard, plantez un bulbe, radicelles en dessus, point germinatif en dessous. Voyez ensuite : par l'instinct de sa pousse, la cellule en travail de vie et d'ascension se redresse, se retourne et, réalisant l'épure prescrite dans le plan de la création, dresse sa tige vers la normalité solaire, vers l'équilibre de son harmonieuse intégralité.

Guillaume, le germe d'aventure, le pauvre « outlaw », est si bien né *dans* l'évolution divine qu'il répare de lui-même son origine illégitime, édicte des lois, organise un empire et décrète l'ordre social sur lequel vit encore une des plus grandes races du monde.

. . . .

Vous plaît-il de voir d'autres types non moins puissants ! A la fin du XIe siècle vivait, à Coutances, un gentilhomme campagnard, Tancrède de Hauteville, pauvre d'argent, riche de famille.

Ses onze enfants dessinent dans l'histoire une épopée plus surprenante encore que celle du Conquérant : car, eux, les pauvres chevaliers, ils n'ont ni armée, ni flotte, ni province, ni argent, et ils n'ont pas le prestige d'un nom souverain.

Et cependant, ces rustres du Cotentin conquièrent la Sicile, l'Italie du Sud, chassent les Sarrasins, battent les Grecs, soumettent les ducs lombards, dispersent les troupes de l'Église, font le Pape prisonnier, déclarent la guerre à Byzance, débarquent en Asie.

Guiscard est duc de Pouille et meurt à la veille

d'être « basileus » de Constantinople. Roger est roi de Sicile, Boëmond prince de Tarente et d'Antioche.

Leurs exploits, presque incroyables, historiques pourtant, représentent la merveille des annales humaines.

Et, eux aussi, comme Guillaume, après avoir été grands capitaines, s'instituent fondateurs de nation. Le royaume des Deux-Siciles est leur œuvre; leurs lois subsistent encore; l'art siculo-normand fait toujours l'admiration du monde et la race des nôtres est toujours vivace en la chair des femmes blondes.

. . . .

Or, cet empire d'Orient que convoitaient les Normands de Sicile, il était déjà fondé au nord de Byzance par d'autres Normands venus du septentrion, par les Varègues. En l'an 867, se passe en Slavie, à Novgorod, un fait qui n'avait pas de précédents et qui n'eut pas de consécutifs : *la conquête d'un peuple à la demande de ce peuple lui-même.* Les diverses tribus slaves, établies du lac Ilmen à la mer Noire étaient, les unes vis-à-vis des autres, en état de perpétuelle guerre civile et se décimaient sans relâche, sans raison, sans pitié : le pays allait se dépeuplant.

A cette même époque, au nord de la Slavie, des tribus scandinaves (Varègues) avaient fondé un royaume qui vivait des destinées prospères sous la tutélaire administration de Rurik.

Or, certain jour, le prince reçut une délégation

de ses voisins les Slaves. Las de la lutte, épuisés, incapables néanmoins de stipuler l'apaisement, ceux-ci venaient simplement demander à Rurik d'être leur maître : « Donnez-nous des lois et forcez-nous à la concorde. »

Ainsi fut fait : Rurik vint à Novgorod dont il fut (en 867) proclamé Grand Prince.

Politiquement, Rurik fonda l'empire de Russie. Son frère Oleg le développa économiquement, lui assigna comme capitale Kieff, traça un large programme de travaux publics, améliorant les routes et voies de navigation (toujours l'organisation par les Normands), et fut l'allié de Byzance.

A ces figures puissantes, il faut associer la gracieuse physionomie d'Olga, princesse normande, femme d'Igor, qui, devenue veuve, se convertit au christianisme, et baptisée sous le nom d'Hélène, demeure Patronne de la Russie.

Sur une des grandes places de Kieff, la postérité reconnaissante a élevé en l'honneur de Rurik une statue équestre, qui (singulière coïncidence) est presque identique à celle de Falaise représentant Guillaume.

La présente esquisse historique ne comporte pas de détails, mais elle permet cette affirmation : la Russie est une colonie *normande* et les Romanoff sont nôtres.

. . . .

Revenons en France et constatons que l'insertion

de la greffe normande sur le vieux tronc gallo-franc fut l'origine d'un long drame historique.

Les successeurs du Conquérant ne purent soutenir longtemps un paradoxe géographique qui unissait, sous le même sceptre, l'Angleterre et un fragment mal coupé de la France. Il suffit de voir sur un atlas la figure des Etats de Henri II, pour apercevoir la fragilité de ce pays sans frontière. Les rois francs de la dynastie capétienne suivirent du reste, avec âpreté, l'exécution de ce grand dessein politique : *reprise de la Normandie par la couronne de France.*

Philippe-Auguste y réussit en 1204, grâce à la lâcheté de Jean sans Terre : mais au siècle suivant les rois anglais reprirent la lutte en un combat suprême qui dura cent ans. Cette lutte de géants se termina par le supplice de Jeanne d'Arc. La Pucelle vint mourir à Rouen, comme si elle était le prix dont la France devait payer son salut.

Après le prodige de sa vie, la sublime Paysanne présente à l'histoire le miracle de sa mort : elle brûlée, l'Anglais se croyait vainqueur du Roi de Bourges... or, bien au contraire, le martyre de notre Sainte troubla l'étranger, le mit en déroute, surexcita les forces nationales.

Le 30 mai 1431 est une de nos grandes dates historiques, car elle marque, avec la mort d'une Héroïne, l'union définitive de la Normandie avec la France.

Désormais la célèbre province a perdu son existence autonome, mais la trace de son génie reste visible longtemps dans nos annales.

Tout d'abord il y eut conflit : les Normands résistèrent à l'incorporation administrative et commerciale désirée par les rois de Paris : leur goût de la navigation, leur amour du départ, leur penchant à l'exode, les portaient au dehors ; les intrigues de Cour, l'égoïsme frivole de Paris, l'incompréhension de rois, chétifs par l'esprit, étrangers par le sang, la diplomatie européenne, décapitèrent l'énergie normande et empêchèrent les nôtres de conquérir pour la France l'empire de la mer, de créer *la plus grande France.*

Et, malgré tout, les Normands réussissent à quitter les côtes, fondent au loin comptoirs, factoreries, colonies, en Afrique, en Louisiane, à Madagascar, aux Indes, au Canada, tout cela vite perdu, hélas !

C'est là une péripétie de notre histoire, un tournant d'une importance capitale, que l'on peut diversement juger. Les uns disent que les règnes des Valois représentent une suite d'erreurs, une obstinée dénégation de l'œuvre de survivance, un long suicide. D'autres peuvent penser qu'il y eut là une sagace manifestation de la collectivité ethnique [1].

1. Il existe dans l'histoire des conflagrations dont les causes secondes et les résultats s'aperçoivent de loin. La postérité les juge mieux que ne firent les contemporains. Il y a telles actions dont les acteurs sont des agents qui s'évertuent plutôt par instinct que par conscience.

C'est bien ce qui eut lieu dans la France. Ainsi doit être envisagé le conflit qui mit aux prises la Normandie et le Parisis.

Les rois de la capitale poursuivaient un but qui leur était visible : juguler les énergies centrifuges, soumettre à l'hégémonie cette province si belle et si rebelle.

Leur politique fiscale et militaire se compliquait de rivalités économiques : Rouen résistait à sa puissante voisine pour des questions commerciales et maritimes : la Commune normande réclamait son autonomie : les « nautes » de la Basse-Seine s'indignaient contre les empiètements des Compagnies de navigation dont le siège était Paris.

Au sens profond des choses, la lutte s'engageait, âpre — à l'insu des combattants — entre les forces centripète et centrifuge — entre l'immobilité des formes ethniques et les forces libératrices — entre l'achèvement cohésif et le maintien des énergies « à l'état naissant » (autrement dit, selon la doctrine chimique, cet état où l'élément atomique garde son plus haut « potentiel »).

Embryonnaire et déjà vivace, la France avait deviné, avait senti, obscurément mais profondément, jusqu'aux moelles, la valeur de cette race étrangère et de quelle diminution nationale serait suivie son départ. Elle brisa donc toute tentative d'évasion, enrayant les effets néfastes de la force centrifuge ; excellente opération, semblable à celle qu'effectuent les rosiéristes quant ils infligent à leurs arbustes le « pincement » : du coup, les gourmands sont décapités et la sève ramène sa vigueur et son énergie dans le tronc.

Le phénomème historique fut pareil : l'essor refréné; l'effort ramené au dedans, ce ne fut point là un avortement d'énergie. Le ferment nordique, que jadis on s'efforça d'expulser comme un virus, maintenant on lui aperçoit des qualités de vaccin. On le veut résorbé dans la substance française qui en sera toute vivifiée.

C'est ainsi que notre géniale et généreuse race infuse son sang dans la chair nationale.

Aussi constate-t-on dans les siècles suivants une somptueuse floraison. Il est permis de dire que notre province garde de beaucoup la première place dans l'épanouissement de la civilisation française. Serait-il téméraire d'affirmer que son apport au patrimoine commun d'art et de science demeure supérieur à celui de tous les autres provinces réunies ?

Le passé de notre province est donc tel que l'on peut en concevoir quelque fierté.

Nous pouvons être également satisfaits du présent; car une promenade à travers le Vexin, les plaines de Caux, ou le pays d'Auge — une visite aux manufactures des vallées du Houlme ou d'Andelle — la vue des deux ports : *Rouen* et *Havre* — la descente vers l'estuaire : tout cela nous montre une province en pleine activité, en complet essor agricole, industriel, maritime, intellectuel, artistique. Quant à l'avenir... Oh ! il est sombre, ayons le courage de le dire.

Deux fléaux nous menacent, nous déciment même : *alcoolisme* et *dépopulation* ; s'il fallait indiquer notre « demain », les pronostics seraient alarmants... « Habent sua fata ».

Je me révolte, ne voulant pas désespérer de l'antique sapience.

Mais enfin, il faut l'avouer, si un éclair de bon sens n'illumine les nôtres, leur indiquant la voie vers d'énergiques résolutions... c'en est fait...

On ne fêtera pas deux fois le millénaire de notre race — à moins que ce ne soit au Canada.

Verra-t-on nos descendants transatlantiques organiser un pèlerinage pour fêter les mânes de la défunte Normandie. Les anciens disaient mélancoliquement : « Campos ubi Troja fuit ».

Disons mieux et rectifions la citation : la postérité viendra visiter « Urbes ubi fuit Normannia ».

En effet, les rives de la Seine ne ressembleront pas de sitôt à la déserte Troade.

La Terre ne tombera pas en Interdit parce qu'une race se sera suicidée. Délaissée par les faibles, par les fous qui ont peur de vivre, elle s'offrira aux forts, aux prolifiques, c'est-à-dire aux sages.

Notre patrimoine constitue une succession assez précieuse pour ne point tomber en déshérence.

Si la *loi d'airain* déclare notre race « absente », d'autres la remplaceront en vertu de l'adage : « le mort saisit le vif ».

Et pourtant l'arrêt du destin n'est pas inéluctable...

Il serait si facile de ne pas mourir !

PLUS QUE MILLÉNAIRE

Lorsque fut résolu le temps larvaire, après lequel le pitoyable adamite devait, grâce au génie inné, reconnaître ses semblables, se rapprocher d'eux, en un reliement social, des *burgs* se formèrent.

L'un d'eux s'installa au bord de certaine mer intérieure qu'alimentaient cinq rivières et un fleuve immense. Il reçut le nom de la tribu qui le fondait : *Roth.*

Sur cette petite plage, les aborigènes trouvèrent tout ce qu'ils cherchaient : car l'Espèce que nous sommes, potamique d'origine, place toujours son berceau au bord des fleuves, dans les deltas, autour des estuaires. C'est là qu'il faut situer la primordiale histoire. L'Humanité représente une végétation excrue sur *diluvium.* Ce n'est point à tort que le livre de Genèse parle du limon créateur.

L'endroit choisi parut prédestiné : abrité au nord par un amphithéâtre de montagnes, le burg s'étendait face au soleil fécondateur : les forêts voisines, chenues, vives en animaux, fournissaient le bois de chauffage, les troncs pour pirogues, les pilotis et, de plus, constituaient un incomparable terrain de chasse; l'eau fournissait le poisson; le marécage une riche nourriture végétale, et des villages lacustres pouvaient servir de refuge à l'habitant traqué par les grands fauves

Assez indigent d'abord, le burg reçut peu à peu l'afflux des couples, des individus, des égarés. Lamentables bipèdes demi-nus, grelottants, dépourvus de tout, perdus sur la grande terre, parmi les forces homicides, ils arrivaient, les yeux sombres d'épouvante ou rayonnants d'espoir.

L'instinct de la conservation les poussait vers une famille plus forte, vers la chaleur de multiples foyers, à l'abri des défenses mutuelles, sous la protection d'une vigilante entr'aide. Ensemble, coude à coude, les humains devinrent fraternels et connurent l'eucharistique « virtus » de la communion — mythe éternel.

Hier débile et condamné, le petit insecte devenait une Espèce, le Genre adamite, « multus homo ».

Désormais, chacun pouvait agir ou dormir, sous la protection des milliers d'yeux ouverts, des oreilles averties, des lèvres prêtes à lancer un signal d'alarme.

Au centre du village, fut ménagée une place publique. La Personne collective que formait notre première cité eut là son cœur rudimentaire — le cœur où les hommes s'écoutaient parler et s'entendaient penser.

A l'endroit dominant, à l'angle supérieur de cette place, s'éleva une hutte plus large et plus haute que les paillottes environnantes. Vers ce toit, un appel mystérieux poussa les humains désireux de connaître l'extase du silence après les allégresses du verbe. « Vox Dei », après « Vox populi ».

La méditation fut le premier salut conscient qu'adressait au Très-Haut le « roseau pensant ». La prière fut pour le cerveau ce qu'est le parfum pour la fleur en éclosion : un effluve monta, et, pour qu'il fusât mieux vers le ciel, je ne sais quelle suggestion amena les architectes à élever la pointe d'un clocher. Ce furent les premières minutes religieuses de l'Humanité — celles qui se confondent avec l'Eternité.

La fondation de l'église de Roth est donc immémoriale ; personne ne saurait dire depuis combien d'années ce sol du parvis est soustrait au commerce, préservé du cheminement, frappé d'interdit, mis sous le scel divin.

Les siècles passèrent. Au seuil du portail, le long des contreforts, contre l'abside, vinrent s'amortir le choc des séditions, l'écho des cris de haine.

Transformée, embellie, devenue « cathédrale », elle vit défiler à ses pieds les invasions asiatiques, les hordes, l'exercitus romain, les foules franques. Le paganisme y révéra ses dieux; les apôtres y présentèrent leur Crucifié; les fiers Sicambres y adorèrent ce qu'ils avaient brûlé; les Normands y reçurent le baptême; ses cryptes servirent de sépulcre à des chefs fameux; elle assista au drame que vécurent les fils de Mérovée (famille d'Atrides), et un acte tragique ensanglanta son maître-autel; Karol, le colosse d'Aix-la-Chapelle, vint s'y agenouiller; des forcenés assiégèrent ses portes, se ruèrent contre ses flancs, donnèrent l'assaut à ses transepts, trouèrent les rosaces, mutilèrent les statues. Elle fut incendiée, mutilée, saccagée, frappée par la foudre, secouée par les tempêtes humaines et les ouragans du ciel. Mais sa Masse la défendait. Et, toujours, on la rebâtissait, pour qu'elle apparût plus somptueuse et plus haute.

Les voûtes s'élevaient, comme si leur effort répondait à un appel; la flèche montait dans le ciel ; les tours s'affirmaient en leur lourde vie pétrée, et la ville semblait se faire petite devant le colosse.

Son prestige était redoutable : des myriades d'êtres continuaient à y venir, pour confier à l'Invisible leurs peines, leurs espoirs.

Toutes les dynasties, toutes les générations y ont travaillé. Depuis de longs siècles sa Forme ne change plus et cette Forme lui confère aux yeux de l'imaginatif une individualité qui défie le temps, provoque l'iconoclaste, bafoue le vandalisme contemporain.

... Or, l'an dernier, la Primatiale eût, devant elle, un spectacle inusité.

Là-bas, au sud, vers Rouvray, quelle est cette

rumeur ? D'où vient une foule dont les remous et les cris troublent la solitude et le silence de notre vieille forêt domaniale ? Quel événement suscite pareille ruée de masses ?

La plus saisissante péripétie de l'histoire... Voici que l'homme a conquis les airs, justifiant la folie d'Icare, prouvant que son rêve ne fut point chimérique. Parvenue au maximum de l'intelligence et de la force, notre race vient de donner une nouvelle preuve de son génie.

Regardez ces formes étranges qui peuplent l'Etendue.

Le biplan est affreux, sorte de caisse à savon, mécanique à l'aspect déséquilibré, déconcertant.

Le monoplan, au contraire, est harmonique, ayant une forme, semblant *quelqu'un* : quand il s'ébranle, on ne peut s'empêcher d'admirer ; il rampe comme un insecte articulé ; puis il marche comme un frêle vertébré ; ses bonds s'accélèrent ; le voilà qui pique en l'air, se dresse, s'enlève ; il vole : c'est un oiseau.

Voyez-le planer, maintenant, ailes élargies et rigides : on dirait l'un de ces éperviers sacrés qui furent dessinés, aplatis, sur les sarcophages égyptiens.

A la vue de cette faune inconnue, à l'apparition de ces chauves-souris s'ébattant en plein soleil, à l'arrivée de ces monstres ronflants, tribu caricaturale, les vrais oiseaux effarés ont dès le matin disparu, réfugiés sous les haies. Quant aux hommes, ils ne se lassent point de regarder ces formes insolites qui s'ébattent dans le vide ! Vision prenante, poignante.

La journée s'avance ; le soleil est à son déclin ; il y a des minutes inoubliables.

Tandis que sur terre les autos, gros coléoptères, se poursuivent, ronflant, sirénant... tous les *avions* engagés dans le tournoi aérien prennent leur essor, ensemble, tels des diptères qui s'éparpillent. L'air vibre au ronron des hélicoïdales.

Dans l'or fluide du couchant, biplans et monoplans glissent et planent — essaim de mouches qui semblent pâmées à la fin d'une journée chaude. Aux lisières de la forêt, on en voit qui plongent, comme pour tomber dans les champs, ainsi que des feuilles mortes et sans poids.

Je ne sais quel doux magnétisme baigne l'esprit et les sens du spectateur. Il rêve et contemple, plongé en une sorte d'hypnose. Il pense, aussi... Il pense qu'entre la machine volante et l'oiseau véritable, la différence est faible — nulle peut-être.

Tous deux volent en vertu de leur gabarit, se soutiennent en raison de leurs propulseurs ; tous deux sont animés d'une conscience qui leur est à la fois intérieure et étrangère.

Les volatiles articulés que voici ont la vie, non de réflexion mais de relation. Leur vie, c'est de la force, et c'est de la forme.

... Un *avion* s'est posé à côté de moi ; je regarde

son pilote : air décidé, teint pâle, il a dans ses yeux clairs le bleu fou de l'espace ; sa prunelle à l'iris transparent est celle de l'alouette.

Il réfléchit... Et, tout à coup, son regard se fixe sur la flèche de la Cathédrale de Rouen qui, à l'horizon, se dresse, longue digitale d'acier, vers le ciel évertuée...

Il me fait un signe interrogatif... Je comprends... « Y aller .. monter là-haut... en faire le tour... Pourquoi pas ? Quel coup d'audace ». Téméraire, il appareille déjà...

Sa décision est vite connue de la foule : on l'applaudit... une clameur, jaillie de 100,000 poitrines, forme comme une soufflée qui le pousse, l'enlève de terre, en un maëlstrom d'enthousiasme.

« Il y va ! crie-t-on... Il y va... bravo ! bravo ! »

L'émotion est profonde... Le nouvel Icare est parti... Voyez... Il s'éloigne à tire d'ailes... il diminue... ce n'est plus qu'un point, dissous bientôt dans l'éther...

Le voici en présence de la Cathédrale, au moment où le soleil envoie à celle-ci un dernier baiser... Sous cet attouchement igné, elle paraît toute rose...

Peut-on imaginer la confrontation des vénérables tours et de la nacelle volante ? Peut-on lui prêter un langage, la traduire comme un dialogue ?

« Objets inanimés, dit le poète, avez-vous donc une âme ? » A la Primatiale, n'en peut-on supposer une, l'âme collective des pèlerins qu'elle abrita, des suppliants qui vinrent se consoler en elle, des défunts qu'elle garde — l'âme des pierres, des voûtes ancestrales — le génie et la piété qui sourdent des tombes ?

Face à face avec l'édifice, venant à le frôler, la hardie libellule pensa :

— Tu vois... on n'a pas peur, hein ! Ça t'épate, ma vieille... Me voici à ta hauteur ; j'ai mis dix minutes à y monter et toi dix siècles.

L'immobilité de la grande Religieuse signifia :

— Les minutes ou les siècles ne comptent pas devant l'éternité que je représente. Venu jusqu'à mon front, me prétends-tu dire que le temps et l'espace ne sont rien autre chose que des apparences ? Je le savais : mes psaumes le chantent, de toute antiquité. Pygmée qui veux t'égaler à moi, est-ce ma déchéance que tu me signifies ? Comment serais-je orgueilleuse, moi à qui l'on récite si souvent : « Deposuit potentes de sede ?... »

— S'ils étaient là, ceux qui t'ont bâtie ! s'ils nous voyaient tous deux !

— Où as-tu pris qu'ils ignoraient la vanité de toutes choses ? Ils me plantèrent là, comme une borne milliaire au seuil de l'Etendue, comme un geste de détresse en face de l'Inconnu. Mais ils furent avertis des destructions inéluctables. Je suis l'œuvre de la foi, toi l'œuvre de la science ; nous passerons tous deux comme passera l'homme, notre débile créateur. Mon métal est cependant plus solide que les élytres membraneuses; j'ai survécu aux générations, comme le corail survit à la diatomée qui le construisit.

— Si fragile que je sois, je représente le génie des hommes, le progrès.

— Tu es le messager d'une Espèce parvenue à cet état de floraison où les capitules s'envolent. Je me réclame d'une humanité fortement enracinée à son bulbe souterrain. Ta génération à toi se sent mourir et elle confie au vent ses graines folles dont beaucoup périront... Tu es la cigogne annonciatrice d'une saison finissante.

La cigogne — forme illusoire qu'animait un peu d'essence — achevait le virage; elle fit un effort, trépida en une vibration éperdue; puis, se redressant, orgueilleuse, continua l'entretien :

— Nous périrons, certes; mais, au moins, j'aurai montré le miracle de notre métamorphose.

— Ni progrès, ni miracle. Tu es cette chenille à qui viennent de pousser des ailes et qui se voit papillon. Or, demain, pour elle comme pour toi, ce sera la saison hivernante, l'heure de la descente sous l'hypogée. Après l'épanouissement, certes prodigieux, ce sera l'angoisse chrysalidale. Au cocon, la chenille bientôt mutilée! Aux bandelettes de momie, l'insecte adamite!

— J'ai au moins sur la chenille l'avantage d'être conscient et d'avoir bravé les vieilles terreurs.

— Tu as outrepassé les lois de l'humanité. Etre

postiche, n'en bafoue point les réalités écrasantes. Cerveau sourd, n'entendis-tu jamais l'Incréé disant à la créature : « Voici le sens de ton action ; en voici les limites; ne les dépasse point; ne reste point hors des lois de ta vie, tu n'iras pas plus loin ; retourne ramper, mon garçon : les reptiles t'attendent.

L'avion s'éloigna comme s'il voulait obéir; il étendit ses ailes, préparant sa descente par un vol plané. Il glissa au-dessus de la ville qui, le soir venu, se couvrait de lumières, attestant ainsi que le jour ne suffit pas à sa vie.

Peu après, l'aviateur reparaissait aux yeux de la foule extasiée : on embrassait le héros qui venait d'atterrir.

... Là-bas, la Primatiale allait s'assombrir, en l'heure crépusculaire. Après le trouble de cette éphémère apparition, elle se recueillit, communiant par ses assises aux fluides planétaires. Bientôt elle s'environna de nuées et de nuit. Mais voici qu'elle s'illumine d'un feu intérieur : son cœur paraît fervent.

Les verrières ont des flamboiements : c'est l'heure d'un office vespéral que célèbrent des prêtres aux gestes hiératiques et des fidèles prosternés, balbutiant les versets de l'immémoriale pensée, chantant les sacro-saintes innéités.

L'assemblée en prières demeure plongée dans l'ancestralité, ainsi que dans un élément de vie. C'est comme une couvée en la chaleur d'un giron.

Or, elle a bien la silhouette d'une couveuse, notre Cathédrale, avec ses toits allongés, avec ses contreforts figurant des ailes repliées, avec sa flèche érigée comme un col vigilant.

... La nuit avait mis fin à l'imaginaire dialogue d'un *avion* et d'une Cathédrale; elle éteignit ces illusoires prières; elle abolit les frénésies de la vivante cité.

Or, elle-même, la nuit n'était que l'illusion de la mort.

PANÉGYRIQUE DE LA NORMANDIE

PRONONCÉ

A LA SORBONNE LE 10 JUIN 1911 [1]

Le *Panégyrique de la Normandie !* Voilà un beau titre, mais si redoutable...

Heureusement, la Normandie elle-même vient à mon secours. Et je me persuade aisément que le plus direct, comme le plus sûr, des panégyriques, consiste à évoquer cette vie millénaire, qui prend, tout de suite et sans effort de narration, les allures d'une épopée.

L'Iliade et l'Énéide furent « chantées », après invocation à l'éloquente et pathétique Calliope. Les annales normandes supportent d'être parlées, simplement. Clio suffit, Clio, muse de l'histoire, déesse aux yeux clairs et aux lèvres prudentes.

Il y a telles existences, telles personnalités, tels chefs-d'œuvre, que l'on exalte rien qu'en les signalant, et qui s'imposent à l'admiration par le seul fait qu'un discret hommage les expose à l'attention.

Peut-on concevoir quelque chose de plus beau, de plus émouvant, que ces migrations, par quoi la Scandinavie surgit dans le monde ?

Ces exodes mémorables donnent l'impression d'une route qui s'allonge dans les plaines de l'espace et sur l'horizon du temps.

Ils m'apparaissent comme une trajectoire de la plus haute splendeur, une « Voie lactée » où brillent les exploits, ainsi que des étoiles, une voie vivante, chargée de génies et fleurie de héros.

Dans le peu de temps qui m'est imparti, je dois me borner aux raccourcis, aux indications, aux grandes directions historiques.

Tout d'abord, je rencontre cette interrogation : Du VIIIe siècle au XIe siècle, les Scandinaves ont-ils colonisé le Nouveau-Monde ?

La question a été controversée : elle ne l'est plus. Ces navigations vers l'Ouest, racontées par les Sagas, furent niées longtemps parce qu'impossibles.

Or, elles sont vraies.

Il est *vrai* que nos aïeux entrent dans l'histoire par une série de hauts faits, auprès desquels pâlit tout l'héroïsme antique.

Du reste, avant de nier, on pourrait réfléchir; on pourrait regarder — puisqu'il est admis que tout historien doit avoir des yeux de géographe.

Eh bien ! regardez quelle est la configuration du globe entre le 60e et le 65e parallèle : voyez quelle y est la distribution des presqu'îles, archipels, continents. Le promontoire norvégien, les Shetland, les Orcades, les Feroë, l'Islande, le Groenland, Terre-Neuve, le Labrador, constituent, cela est d'évidence, une suite d'escales particulièrement favorables à la traversée.

La route des drakkars est tracée, la migration jalonnée, en ces « échelles du nord ».

C'est un gué, une « chaussée de géants », comme dit le vieux langage celtique.

L'entreprise fut gigantesque, en effet. Le théâtre était digne des personnages — digne de ces magnifiques aventuriers qui eurent nom : Erik le Rouge, Bjarn, Leif le Fortuné, Thorfinn, Thorwald — digne de leurs excitatrices, de ces « vierges du bouclier », Gudrida, Freydisa, Syasi la Blonde.

Navigateurs rudimentaires, pauvres de science, riches d'énergie, nos aïeux ne connaissaient point la boussole; ils ne connaissaient que la vigueur de leurs bras, la force de leurs âmes et la puissance du vent : « La tempête, disaient-ils, nous porte où nous voulons aller. »

Familiers de la vague, fiers de ne jamais dormir sous un toit, les Vikings avaient observé le mouvement des eaux entre le Pôle et l'Équateur.

Observez comme eux et voyez :

Le courant polaire traverse d'un jet le *danisbe strasse* (entre Islande et Groenland), contourne le cap Farewell, remonte dans le détroit de Davis, et là, s'unit avec la nappe froide par quoi se déverse la mer de Baffin.

Conjugués, les deux fleuves marins forment un « chemin qui marche » dont la précision est telle que toute épave, tout bois flottant, iraient, par lui, s'échouer directement sur le Labrador, Terre-Neuve et Rhode-Island.

Le passage du vieux au nouveau monde n'était donc pas impossible, au moins pour des marins énergiques, tels que furent les pirates scandinaves.

Et ces marins, atterrissant en Amérique, y trouvaient le Gulf-Stream qui, faisant équilibre au flux polaire, achève la circulation atlantique, et vient s'éployer sur l'Europe.

Ainsi, nos aïeux, navigateurs hardis autant que bien avisés, apprirent les sentiers de la mer, les routes pélagiques, et ils s'en servaient — aller et retour.

Ils connurent aussi les circuits atmosphériques et n'ignoraient point l'existence de ce vent régulier N.-S.-O. qui souffle d'Islande en Amérique.

Ces constatations pratiques éclairent et expliquent tout.

Les navigations scandinaves cessent d'être miraculeuses et ne sont plus qu'extraordinaires.

Après avoir démontré la possibilité géographique de ces explorations, pourrai-je en établir la réalité historique? J'espère le faire plus tard, en coordonnant un ensemble de preuves devant lequel aucun doute ne pourra subsister.

Ici, je ne puis instituer de controverse et ne fais que des remarques.

Qu'il me soit d'abord permis de sérier les difficultés.

Il y a une partie du problème qui n'est plus à résoudre : tout le monde reconnaît maintenant que les Scandinaves occupèrent les Shetland, les Feroë et l'Islande avant le IXe siècle.

Le voyage de Grim Kamban aux Feroë, en 725; la colonisation de l'Islande par Ingolf et Heriulf, en 885; la mise en valeur de ces îles par les Scandinaves; leur union ethnographique avec la mère-patrie : tout cela demeure hors de contestation; tout cela, c'est de l'histoire positive.

L'Islande, en particulier, fut, pour la race scandinave, une colonie de peuplement.

Je pourrais même dire que l'Islande est presque plus scandinave que la Norwège elle-même, puisque les alliances et les invasions venues d'Europe eurent vite altéré, en Norwège, la pure race ancestrale.

Cela est si vrai, que les historiens, désireux d'étudier les mœurs, coutumes, lois et littératures scandinaves, ont toujours dirigé, concentré, leurs recherches sur l'Islande.

Du reste, c'est de toute antiquité que le flot des migrations venues de l'Ouest-Europe inonda les terres et les îles de cette partie du monde. Augustin

Thierry enseigne qu'avant l'ère chrétienne, le Nord-Ecosse fut colonisé par les Kymris « venus en masse », dit-il, « des extrémités orientales de l'Europe, à travers l'Océan germanique ».

La question est donc entendue, en ce qui concerne Shetland, Orcades, Feroë, Islande; et je m'en voudrais d'insister davantage.

Sur quelle autorité se fonder maintenant pour affirmer que les Scandinaves connurent le Groenland et fréquentèrent les rivages de l'Amérique du Nord ?

Sur les Sagas, d'abord.

Mais, objectera-t-on, les Sagas, c'est de la poésie. Ce sont des légendes homériques, virgiliennes, ossianesques. — On l'a cru longtemps, je le sais ; mais il ne faut plus le croire.

Le Helluland, le Markland, le Vinland, dont parlent ces livres vénérables, répondent de point en point à Terre-Neuve, à la Nouvelle-Ecosse, aux rivages de Massachusetts.

La description des bords où atterrit Leif le Fortuné évoque de la façon la plus formelle l'île de Martha's Vineyard, le cap Cod et Mount-Haup-Bay.

Les exploits de Thorfinn sont confirmés par une inscription runique encore existante là-bas, sous le nom de « Dighton Righting rock ».

Il y a mieux : d'après la Saga, Leif, observateur méthodique, nota qu'au Vinland, le jour le plus court de l'année commençait à 7 h. 1/2 et finissait à

4 h. 1/2. Or, nos cosmographes, par calcul aussi simple que décisif, établissent que cette situation répond à la latitude « 41°24'10" » : c'est exactement l'endroit où les Sagas placent Leifsbudir : c'est la latitude même de Providence[1]. On ne saurait imaginer concordance plus impressionnante.

Je vous dois d'autres confirmations; les voici :

Le voyage de Leif a une date : 1001 de notre ère. Celui de Thorfinn, également, entre 1007 et 1011.

Or, à quelle date remontent les Sagas ? Seemund, le rédacteur des premières, mourut en 1131.

Il y a donc environ un siècle, deux générations, entre l'exploit et le récit, deux générations de ces scaldes qui furent les aëdes, les trouvères de ce pays, et dont les chants célèbrent notre race.

Eh bien ! il est certain que, ces récits, Seemund les tenait de la bouche même des scaldes, qui les avaient eux-mêmes reçus de leurs devanciers, contemporains des expéditions par eux chantées.

Or, cette transmission orale fut d'une fidélité parfaite ; de l'un à l'autre, les scaldes n'y changeaient pas un mot. Ernest Nys, dans son curieux travail : « Le Haut-Nord », écrit ceci : « En Islande, on considérait comme une offense à la moralité publique le fait de chanter une Saga de façon inexacte. »

On peut donc dire que le texte des Sagas est

1. Rhode-Island.

authentique, le poème étant soudé au héros par une tradition ; il n'y a pas de vide ; le laps de temps est comblé par la mémoire des hommes.

Ces prestigieuses aventures sont racontées, d'autre part, dans le Flatteyar-bok.

Qu'est-ce que le Flatteyar-bok ?

Un manuscrit islandais, le plus ancien monument de l'histoire médiévale, qui a pris ses informations à d'autres sources que les Sagas. Entre lui et les Sagas, il y a divergence souvent ; par contre, lorsqu'il y a identité, cela forme ce que les chartistes nomment un « recoupement » précieux, vérification où éclate la vérité.

Or, la découverte du Vinland, à la fin du xe siècle, est consignée au Flatteyar-bok comme un fait positif.

Entrant dans un autre ordre d'idées, je note que les annales ecclésiastiques fournissent à ma thèse un appui particulièrement décisif.

Tandis que les navigateurs scandinaves poursuivaient leur but : le négoce, d'autres personnages, les missionnaires chrétiens, en visaient un autre : l'évangélisation des âmes. Or, pour les uns comme pour les autres, le terrain d'action était le même.

Eh bien ! peut-on contester qu'en 1059, l'évêque islandais Jonus fit une tournée pastorale au Vinland et qu'il y reçut le martyre.

Le savant danois, Christian Rafn, n'établit-il point qu'en 1122, l'évêque de Gardar, en Groenland, Erik-

Uri, suivit les traces de Jonus? Cette mission n'est-elle pas authentiquée par un curieux monument, le Baptistère de New-Port, en Rhode-Island?

Quelqu'un niera-t-il que l'évêque Olaf, en 1261, prêcha la croisade dans les colonies outre-atlantiques?

Les collectes des diocèses américains ne furent-elles pas recueillies pour le denier de saint Pierre, jusqu'en 1309?

N'avons-nous pas la liste des é[illegible]es de Gardar, en Groenland, de 1121 à 1537, sans solution de continuité?

Tout à l'heure, je prononçais « ma thèse »; formule inexacte, et modeste insuffisamment. Je ne suis pas un savant, mais un disciple dont l'unique ambition est d'avoir eu beaucoup de maîtres — notamment *Adam de Brême*, qui écrivit son histoire ecclésiastique en 1070; l'annaliste *Dicuil; Snorre Turleyson; Christian Rafn; Beamish; Fischer; Gravier;* etc.

Le plus inattendu de mes répondants, c'est Christophe Colomb. En 1477 et années suivantes, le « fin Génois » ne fit-il pas d'attentives croisières autour de l'Islande, dans la mer du Nord? Qu'y venait-il chercher? Recueillir les résultats des découvertes normandes.

C'est au retour de ces voyages peu divulgués, que le célèbre navigateur affirma l'existence d'un continent, sous l'horizon d'ouest. Il se renseigna et fit bien. Il fut trop discret et eut tort. En histoire, tout finit par se savoir.

Je crois donc pouvoir affirmer que le nouveau-monde reçut, au xe siècle, en un pays nommé Vinland (pays du vin) la colonisation normande.

Mais, objecterez-vous, comment expliquer la disparition de ces colonies vinlandaises?

Elles dépérirent et périrent par une faute de la métropole lorsque la triple couronne de Danemark, Suède et Norvège, ceignit le front d'une femme.

Gens cupides et incompréhensifs, les ministres de Marguerite de Waldemar inaugurèrent, en 1389, une politique fiscale et monopolisante qui, pour les émigrés américains, représentait la mort économique.

Aïeux des fiers « pilgrins », gens « à la nuque raide », nos Vinlandais n'acceptèrent point les sujétions, les inquisitions, la centralisation. A ces factoreries lointaines, la liberté parut aussi nécessaire que sont aux plantes le grand air et le soleil.

Jaloux de leur indépendance, sentant derrière eux un hinterland illimité, ils s'y enfoncèrent résolument.

On peut suivre la trace de cette caravane par les monuments qui jalonnent sa route à travers la vallée du Missouri, du Mississipi, jusqu'au Mexique, au Guatémala et au Pérou.

Cet itinéraire, auprès duquel la fameuse retraite des dix mille apparaît comme bien minime, rappelle un des épisodes les plus dramatiques de l'histoire universelle.

Ainsi finit l'histoire américaine de nos pirates. Ce sont là des aïeux dont on peut se réclamer.

Aucune race n'a mieux manifesté la beauté de cette force divine qu'est l'énergie humaine. Les Vikings savent « vivre intelligemment la vie dangereuse ». Ils la vivent avec fouge, mais avec prudence. Aventurers, ils jouent avec le risque, mais ne lient partie qu'à bon escient. Leur jeu, très serré, ne livre rien au hasard, rien à ce décevant partenaire, à ce louche adversaire des belles réussites. Téméraires dans l'entreprise, circonspects dans l'exécution, ne désespérant jamais dans la détresse, ils bravent à chaque instant le péril, et leur existence s'exalte jusqu'au paroxysme, grandie — on le dirait — de toutes ses victoires sur la mort.

Devenu héros, l'homme transforme en laurier le cyprès.

Ainsi, cet exode de rebelles à travers un continent sauvage eût pu être le désastre : il fut le triomphe. Dans ce risque de suicide, il y avait une résurrection.

En effet, se présente ici une observation saisissante à bon droit.

Les énigmatiques civilisations du Centre-Amérique n'auraient-elles pas reçu, par nos émigrants, l'empreinte du génie normand ? Ainsi seraient expliqués certains points obscurs de l'art et de la religion, en l'ère anté-colombienne, certaines singularités que signalent Max Muller, Brasseur de Bourbourg et Littré.

..... Avortée en Amérique, l'œuvre des Vikings survécut ailleurs. Pour de pareils corsaires, les courses en Europe ne furent que des excursions. Aussi, de bonne heure, l'activité normande se fit-elle sentir en Angleterre, en France, en Russie, en Espagne et dans la Méditerranée.

Dès le VIIIe siècle, nos rivages sont infestés par les drakkars et sneggars[1].

Puisque je parle ici devant des compatriotes normands qui ont fait alliance avec la bourgeoisie parisienne, qu'il me soit permis de rappeler un épisode trop peu connu.

Au moment où ils mettent le siège devant Paris, les Scandinaves y arrivent précédés d'une véritable terreur.

Les clercs s'enfuient, emportant leurs reliques, les soldats désespèrent ; l'empereur abdique. Et c'est alors que les bourgeois (les hommes du *burg* lutécien) prennent hardiment le contact de l'ennemi. Ces marchands, en qui repose et vibre l'avenir de la race, remplacent leurs aunes par des armes, et leur vaillance vient au secours de la défaillance universelle.

Le 6 février 886, eut lieu cet incident drama-

1. Pirogues scandinaves.

tique, où l'on vit douze bourgeois, défendant le petit pont de la Cité, mourir tous à leur poste, sans crier merci !

Dæpping dit : « Paris n'a honoré ce courage par aucun monument : pourquoi le pont Saint-Michel ne s'appelle-t-il pas le pont des Douze ? »

Oui, à ceux-là, Paris doit le salut — dans les deux sens du mot.

Le moment est choisi et le lieu propice, pour nous associer à ce vœu. Demandons aux Pouvoirs publics, ici représentés, de faire élever, au front de l'ancienne Cité, un monument de gloire et d'expiation.

Abbon nous a conservé les noms de ces douze héros. Je veux, néanmoins, que le monument ne soit pas nominatif, point personnel, mais collectif, évocateur et symbolique. Il suffira à l'artiste de nous suggérer qu'ici les fils de Paris aimèrent leur pays jusqu'à la mort ; qu'ici, eut lieu le premier corps à corps de deux races faites pour s'unir ; que le premier contact de l'homme avec l'homme est d'abord de la haine et devient de l'amour ; que l'humanité fut toujours fratricide avant d'être fraternelle, et que le sang est une eau lustrale où se baptisent les grandes âmes.

Pareil monument rappellera encore que le siège de Paris fut, pour la race française, l'épreuve suprême. Menacée de mort, notre nation se ressaisit, fit effort, disciplina ses énergies pour les décupler.

Ayant fait pacte avec la mort, elle gagna la survivance. Et par cette crise surgit la dynastie capétienne, faite du sang vermeil de la race.

On s'est demandé ce que fut cette ruée de Nordiques sur notre pays, et certains l'ont comparée à l'invasion des Barbares qui mit fin à l'empire romain. Rien de moins exact. L'invasion normande, cela n'existe pas ! Les envahisseurs étaient peu nombreux, et c'est pourquoi leurs exploits forcent l'admiration. Ils venaient par mer, sur des esquifs assez légers, pouvant contenir, au plus, cinquante hommes chacun : les multitudes marchent, elles ne naviguent pas.

Il ne faut pas davantage parler d'une race normande qu'auraient créée nos aïeux : les Scandinaves arrivèrent sans leurs femmes. Ils firent souche avec les femmes franques et, par suite, n'implantèrent par leur race — car c'est la femme qui fait la race. Ils imposèrent seulement leur génie.

L'homme représentatif de cette invasion, c'est Ganger-Rolf, le géant marcheur, rude colosse qui dicte sa volonté à l'empire Carolingien et substitue la hiérarchie normande à l'anarchie neustrienne.

Je ne vous raconterai point, après tant d'autres, l'histoire militaire de Roll. La bataille, c'est la loi du plus fort : elle se condamne ou se justifie par ce qui en résulte. On a divinisé la guerre; Bellone ne fut qu'une furie, pourtant... Minerve guerrière seule est sacrée, parce que, sur le champ des massacres, elle ensemence la vie. Par elle, du carnage naît l'incarnation.

En autres termes, la victoire représente une tuerie, si le vainqueur n'apporte un germe supérieur, un type social meilleur que celui du vaincu.

Or, Roll personnifiait la rénovation. Il fut gladiateur de l'évolution, pionnier du progrès. C'est Roll, le premier, qui nous permet de dire : « Partout où » le Normand conquiert, il pratique la raison, en- » seigne l'ordre, promulgue la loi et prend ainsi » légitimement le gouvernement du monde à lui » soumis. Il impose la forme de ses idées qui s'ap- » pellent justice, tolérance, culte du droit, soutien » du faible, respect de la propriété individuelle. » A chaque instant vous retrouverez la même pensée dans l'étude de cette race célèbre. Tous ces grands hommes s'affirment, comme Rollon, princes de la paix, après avoir été rois de la guerre. Nos capitaines sont moins des conquérants que des fondateurs.

Quand l'expirante maison Carolingienne eut été remplacée par une Lignée plus vivante, la Normandie devint l'enjeu d'une lutte formidable, les Capétiens s'acharnant à reprendre ce fleuron, dont la place demeurait vide à la couronne de France.

Non seulement nos princes résistèrent à l'assaut de Paris, mais l'un d'eux, le célèbre Conquérant, annexa un royaume à son duché.

Guillaume est bien autre chose que l'amiral d'une

flotte transportant une armée; il est bien plus que le vainqueur de Harold : il est le père de la Nation anglaise. C'est de lui que se réclame le *peerage* britannique. C'est à lui que remontent l'organisation politique, la codification des usages, la confection du cadastre, la protection aux forêts, le développement de l'art, la prospérité de l'agriculture, la promulgation d'une Trève de Dieu qui interdit les vaines batailles, pour épargner le sang des braves.

Les fils de la Louve avaient établi la « pax romana » — une terreur ! Notre duc décréta la « paix normande », par quoi l'on connut les joies d'une naissante civilisation.

Etrange aventure d'un bâtard ! Fils d'amour libre, il apprécie, par contraste, la valeur du mariage et s'allie à l'une des plus illustres maisons d'Europe. Fidèle observateur de la loi conjugale, il honore la famille, cette cellule sociale. Le rejeton de nature prend racine dans l'ordre social régulier, implante sa greffe au pur aubier de l'arbre généalogique, et devient l'ancêtre d'une postérité légitime.

A cette même époque qu'illustrait Guillaume, d'autres Normands accomplissaient des prodiges : la conquête de l'Italie méridionale et de la Sicile, par quelques gentilhommes du Cotentin, les fils de Tancrède, est une merveille d'audace et de souplesse.

Un d'Hauteville devient Prince de Pouille et Calabre; l'autre, duc d'Antioche ; ce troisième, roi de Sicile; Guiscard, après avoir battu le Pape et l'Empereur, balance la fortune du Basileus byzantin.

Les Normands venaient administrer ces peuples méditerranéens qui périclitaient dans le désordre, leur apportant des méthodes de travail. Ils instaurèrent la règle, punirent l'insurrection, triomphèrent du chaos humain, et, par eux, l'inculte brousse vivante reçut quelques clairières.

La civilisation siculo-normande, à la fois artiste et pratique, a laissé, là-bas, des traces inoubliables.

Or, quand les nôtres osèrent s'attaquer au colosse byzantin, savaient-ils que leurs congénères de Suède avaient déjà infusé en Orient le génie normand ?

Et c'est là, en vérité, un événement suggestif.

A une époque donnée, voici que les Russes ne peuvent plus s'entendre ; ils se combattent, se déciment, en une irrémédiable confusion. Le fait est là : jamais ils n'arriveront à constituer un état social. C'est alors qu'ils entendent parler de certaine nation varégienne, laquelle, grâce aux sages disciplines, sut parvenir à un haut degré de prospérité; des ambassadeurs viennent en Varégie et disent à celui qui gouverne : « Donnez-nous des lois et forcez-nous à les exécuter. » C'est ainsi que Rurik fut nommé Prince de Novgorod ; c'est lui qui créa la Russie ; avec lui, les mots ne mentent pas : sa « Dynastie » représente un « dynamisme ». Et nous pouvons dire que l'Empire des Tsars est d'origine normande.

..... Sans la Normandie, il ne pouvait y avoir de

France; or, il fallait qu'il y eût une France; c'est pourquoi la Normandie finit pas perdre son autonomie provinciale.

L'union se fit après des guerres sanglantes et, même consommée, fut suivie de luttes et de fièvre.

Il y eut maints démêlés entre la commune rouennaise et la capitale. Celle-ci dut concéder à celle-là de larges franchises municipales; les Compagnies maritimes de la Basse-Seine entrèrent en conflit avec les « nautes » de Paris et s'imposèrent comme copartageants du fleuve.

Les nôtres arrachèrent au Pouvoir central la « Charte aux Normands », vraie formule de décentralisation.

Mais les Normands voulaient plus. A leur cœur demeurait un désir de reprendre les courses aventureuses; ils aspiraient au libre essor et gardaient la nostalgie des plages lointaines.

Or, ils se heurtèrent aux desseins de la royauté qui, sollicitée par les alliances, les familles, la diplomatie, ramenait obstinément sa vision au nombril européen.

Deux siècles durant, la force centrifuge tint en échec l'appel en arrière. Et le spectacle que donnent cette activité vers le dehors, cet acharné vouloir d'évasion, est digne d'admiration vraiment et de réflexion. Les conséquences d'une réussite, les apercevez-vous?

Un port, à cette époque, est supérieur à tous les

autres, et en lui se concentre tout l'armement vers le Ponant : Honfleur.

Les minutes du tabellionnage d'Auge, que j'ai consultées, racontent ce qui s'y passait et quels furent les préparatifs pratiques de cette gloire. On y retrouve les actes par lesquels s'associent : le capitaine, fournissant le navire ; le banquier, fournissant l'argent ; l'équipage, fournissant la force.

L'armateur est de Honfleur, le banquier de Rouen.

Quant à l'équipage, on le recrute partout, et on y voit figurer autant de terriens que de matelots.

Ces marins improvisés ne savent ni lire, ni écrire.

Au bas de l'acte où s'engage leur vie, les pêcheurs figurent un filet, ou deux poissons enlacés ; les charpentiers, une scie ; les bûcherons, une hache ; les forgerons, un fer à cheval ; les laboureurs, le soc d'une charrue ; les terrassiers, une houe.

Le notaire atteste de son paraphe : « Ceci est la signature d'un tel..., d'un tel... »

Et les voilà partis ! Où ? Ils n'en savent rien. Le capitaine, à dessein discret, a stipulé : « pour le véage », pour « des pays au sud de la ligne », pour la « coste d'aval », pour « le commerce des îles », etc...

On n'en revenait pas toujours... Mais, au retour, quelle aubaine ! Le bénéfice (une fortune) se partageait par tiers entre chaque groupe de contractants. C'étaient les contrats dits de « tiercement ».

D'autres fois, les capitalistes stipulaient un intérêt

fixe ; et quel intérêt ! On acceptait des taux de 40 0/0 pour Terre-Neuve et le Canada ; de 60 0/0 pour l'Afrique ; de 100 0/0 pour le Brésil. Cela s'appelait le « prêt à haulte adventure ».

Et le risque valait l'enjeu, — l'un grandiose, l'autre magnifique. C'était l'ère des « beaux gaignages ». Qu'il est loin, ce temps héroïque de l'argent !

Certain philosophe se plait à énumérer les lois, d'intention excellente, dont les répercussions furent déplorables. La loi limitant le taux de l'intérêt figure au premier rang de la liste. Perdant sa liberté, l'argent a été, du coup, privé de son excellence. Moins de valeur, moins de vigueur, formule d'évidence. Son intérêt amoindri aux entreprises, il s'en est désintéressé. Le capital est décapité, « capite minutus » comme disaient les Romains ; et il descend au rang secondaire. L'or est un signe qui a de jour en jour une décroissante signification.

Gagne-petit — médiocre destin.

Les riches placent leur épargne à 3 0/0, à 1 0/0, à rien 0/0 au besoin ! Parfois même (ô paradoxe !) ces placements de pusillanimes équivalent à tout pour rien ! Ce qui, une fois de plus, démontre que sagesse n'est pas timidité.

Ce n'est pas sans raison que notre vieux langage parle du « sou vaillant ». Moins évalué, le sou devint moins valeureux, dans tous les sens du mot. Déprécié, il se déprécia.

Maintenant, France et Normandie sont de petites

rentières s'occupant, non plus d'aventures, mais de revenus, recherchant, non sans ingénuité, ces « placements de père de famille », que refuserait souvent le moins averti des enfants prodigues.

Pendant ce temps, les affaires mondiales (avec l'âpre saveur de leurs périls et de leurs princiers butins) passent aux mains de plus énergiques. Et d'autres vivent ardemment, tandis que nous végétons...

Consolons-nous des regrets par les souvenirs.

Evoquons ces expéditions mémorables qui proposèrent à la France l'empire du Monde.

Bien avant Vasco, les nôtres fondèrent leurs comptoirs à la côte d'Afrique. Les premiers établissements remontent à l'an 1364 : ils s'appelaient « Petit-Dieppe », « Grand-Sestre », « Petit-Paris ».

Et naguère, à Rouen, nous eûmes la joie d'entendre un ancien ministre, un de ceux qui ont le plus honoré le quai d'Orsay, déclarer que, lorsqu'il dut, à l'encontre des Anglais, délimiter nos domaines coloniaux de l'Ouest africain, il avait pu invoquer, comme titre de propriété, l'immémorable possession des Normands.

Ce que l'éminent ministre Hanotaux affirma, je puis le répéter ici.

Eh bien ! pareil argument aurait maintes fois dû servir. Nous gardions des droits de priorité, bien ailleurs, sur le globe. Cousin et Binot-Paulmier ne nous avaient-ils pas donné le Brésil ? — Béthencourt, les Canaries? — Parmentier, Madagascar? — Cavelier de la Salle, le Canada et la Louisiane? — Berthelot, Java et Sumatra? — Jean Denis, Terre-Neuve? — François Doublet, la côte d'Afrique?

Tous des Normands, ceux-là, Messieurs! Et n'est-ce pas que Paris ne fera jamais trop d'honneur à cette généreuse province, pour la gloire par elle épandue dans les annales françaises?

Or, notre contribution au patrimoine commun est bien plus grande encore et dépasse de beaucoup les questions de colonisation.

Du jour où la royauté, victorieuse en sa réaction, eut définitivement pratiqué l'ablation des tentacules normandes qui voulaient porter ailleurs nos énergies, il y eut résorption de ces énergies dans la substance française.

Et le ferment scandinave fut l'excitateur du sang national.

Alors, quelle moisson de génie!

Les édifices anglo-normands, les cathédrales, racontent que le Gothique fut créé par des architectes de notre race; nul ne peut récuser leur somptueux témoignage.

Et, dans cet art ogival — hosannah de la pierre — ne retrouve-t-on pas les qualités normandes : imagination, enthousiasme de la conception, prévisions impeccables, expérimentation exclusive des imprudences, circonspection du dessin, exécution fougueuse, sens de l'extrême rectifié par le sentiment de l'équilibre?

Roulland le Roux, et les « maîtres-maçons », ses émules, sont la gloire de notre race, au même titre que les capitaines et les amiraux. Un chantier, c'est, pour eux, le champ de bataille ! Comme les stratégistes, ils prennent position et dressent des plans : ainsi que les généraux, ils conduisent leurs troupes à l'assaut — l'assaut de la hauteur.

Une cathédrale, n'est-ce pas une lutte contre tous les éléments : pesanteur, tempêtes, durée ? Son existence millénaire, cela peut s'appeler une victoire qui se continue.

Considérez à présent les savants de Normandie :

Laplace, Fontenelle, Fresnel, Leverrier, n'eurent-ils pas la puissance d'hypothèse, la précision des calculs, l'exaltation unie à l'attention ? Leur génie, à ceux-là, fut une longue patience. Ces grands hommes regardèrent le ciel, et leurs yeux ne furent point inférieurs au spectacle.

Je me réjouis à l'idée que, demain, Paris fêtera le centenaire de notre Leverrier, au siège même de la découverte, à l'Observatoire.

Pareil témoignage est porté par notre littérature. Malherbe, « d'un mot mis en sa place enseigna le pouvoir » ; — Corneille, même dans ses plus sublimes élans, garde la pondération, le bon sens et le sang-froid. Quand il fait dire à l'un de ses héros : « Je suis maître de moi », il se définit lui-même et donne la formule de sa race. — Le lyrique Flaubert est aussi le romancier observateur, le multiple écrivain qui fait succéder *Salammbô* à *Madame Bovary;* — Barbey d'Aurevilly crée des personnages excessifs, mais toujours logiques et bien construits, parfaitement en scène, malgré leur outrance voulue; — Maupassant, en ses pires accès de pessimisme et d'amertume, garde la vision juste des choses et des hommes; — Mérimée, « Normand de Paris » avant la lettre, n'est-il pas le modèle des écrivains, un prosateur robuste et lumineux, élégant et concis?

Il y en a tant d'autres qui sont mystiques sans être illusionnés, qui unissent l'amour des cimes au goût du terre à terre, qui s'affirment à la fois gens pratiques et hommes d'idéal! On compte, dans nos annales, tant de penseurs doués d'un regard « achromatique », (c'est le mot de Renan), tant d'hommes d'action dont les réflexes fonctionnent intégralement et sans effort, tant de gens solides dont l'innervation ne fut jamais troublée, dont la réceptivité ne fut jamais fébrile.

Pourrais-je oublier nos grands historiens Léopold Delisle et Albert Sorel? Si leurs œuvres, à ceux-là, sont des chefs-d'œuvre, c'est qu'il les composèrent avec un sentiment parfait des proportions et de la synthèse; c'est qu'ils les écrivirent comme des juges sagaces, comme des témoins intègres, sans parti-pris comme sans passion.

Chez nos peintres, Poussin, Millet, Géricault, la

rectitude du dessin, sa correcte armature, soutiennent l'éclat de l'inspiration. Boieldieu, Auber, Saint-Saëns, restent toujours compréhensibles, et leur art n'est jamais abscons.

Les céramistes qui ont créé notre « Vieux Rouen » : Abasquesne, Poterat, Guillibaud ; les artistes brodeurs qui conçurent le « point d'Alençon », manifestent, les uns et les autres, cet inestimable ensemble de méthode, de clarté, d'harmonie, qui est « de chez nous ».

On ne me pardonnerait pas d'oublier la « Coutume de Normandie » qui passa presque tout entière dans le Code civil. Ayant donné des lois au Monde, les Normands en devaient à la France.

Au surplus, est-il besoin de chercher parmi les morts un exemple ? Puisque je parle aujourd'hui devant l'Université de Paris, qu'il me soit permis de saluer un Normand, ici présent, que je puis désigner sans avoir besoin de le nommer. Ne possède-t-il pas cette netteté de coup d'œil, cette fine intuition de la mesure, cet esprit de décision, cette volonté enfin, qui mènent les maîtres et les élèves, sans heurts comme sans défaillance ? Orateur quand il le veut, silencieux quand il le juge préférable (et son mutisme est parfois plus impressionnant que sa parole), c'est un chef qui sait se faire obéir presque avant de commander. Autant par sa nature que par sa fonction, il est bien « le Recteur ».

La vie s'affirme supérieure aux livres, et je pourrais vous citer tels de mes amis, négociants, armateurs, industriels, paysans, dont l'existence est un chef-d'œuvre de sapience, de force morale, de saine et franche gaîté.

Si je devais énumérer tous les fils illustres de la Normandie et consacrer seulement quelques lignes à chacun d'eux, il me faudrait une série de conférences. Ce ne serait plus un panégyrique, ce serait un cours.

Mais, j'y pense, le panégyriste peut-il, parmi ses éloges, glisser quelques critiques ? Pourquoi non ? puisque ce mot somptueux, fait de « Pan et d'Agora », signifie l'expression libre et publique de *tout* ce que l'on pense.

Confessons alors que notre individualisme nous mène parfois à l'égoïsme : disons que l'alcoolisme et la dépopulation nous menacent.

Il y a là de sombres pronostics sur lesquels je ne désire pas insister, par égard pour vous. En effet, tout auditoire français — je l'ai remarqué — est foncièrement optimiste et veut se retirer sur une impression de vie majeure.

Alors, laissez-moi dire que si la vie normande se rétrécit et périclite en Normandie, elle s'amplifie ailleurs. Notre histoire se continue, non pas sous la forme particulariste et individuelle, mais en une modalité anonyme et universaliste.

Nous assistons au phénomène suivant : réveil de tous les tronçons épars de la race normande, de toutes les racines qui se propagèrent sur le globe, à la façon des fraisiers.

Les trois millions de Canadiens — les gens de la Louisiane, de Bahia, de Buenos-Ayres — la végétation restée en Sicile, en Albanie, dans les échelles du Levant — les 200,000 âmes de notre famille qui vivent à Paris — le sang qui est veines de l'aristocratie anglaise, qui bat aux tempes des têtes couronnées — la souche pure de Norwège, — tant de Normands de Neustrie qui se reprennent les mains, en face de Paris-Cosmopolis, tout cela représente un même phénomène en marche, la montée d'un même flux de sève originelle.

Une nation nouvelle s'affirme et s'annonce — une nation que son antique et toujours vivace vertu d'essaimement prédestine à être citoyenne de l'Univers — une nation apte à vivre sous tous les climats — une nation qui a gardé, en son intimité, la devise « ubi bene, ibi patria ».

Grâce à sa diffusibilité, la Normandie reprendra ce dessein qui, au xve siècle, avorta comme prématuré, mal conçu, ou incompris. Elle le reprendra par d'autres voies que la piraterie ou la guerre, moyens désuets.

Ce ne sera point l'impérialisme de tel peuple fort à l'encontre d'un faible. Ce ne sera point une « plus grande nation » asservissant les autres. Ce sera une pénétration pacifique qui les libérera toutes, qui les libérera par le commerce des âmes, la fusion des génies, les fraternelles confrontations.

La race normande sera un levain, non plus pour la seule famille française, mais pour toute la substance humaine.

Elle sera un ferment par quoi lèvera — pour les fins suprêmes — le pain de l'universelle vie.

Telle est la haute signification du Millénaire normand. Il n'est pas régionaliste, il n'est pas séparatiste, il est mondial.

Je termine en saluant l'Ame de la race, l'idéale Patrie dont nous sommes les fils.

Cornélie, mère des Gracques, disait : « Mes bijoux, ce sont mes enfants ; je ne veux point d'autre parure. »

De même, à la haute Personnalité que nous fêtons aujourd'hui, à la déesse *Normannia*, un imaginatif pourrait prêter cet orgueilleux aveu : « Tous ces héros, artistes, poètes, tous ces fils issus de ma chair, voilà le collier qui cercle mon cou et s'épanouit sur ma poitrine. Une étincelante pléiade de génies forme le diadème de mon front. »

Peut-on rêver, en effet, plus belle « couronne ducale ! »

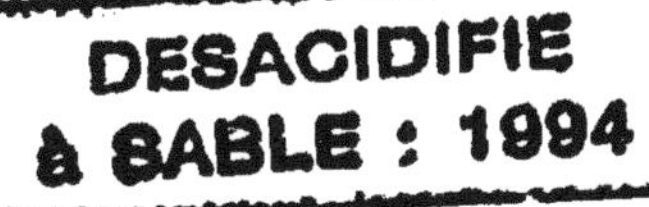

TABLE

TABLE DES MATIÈRES

ROUEN

IMPRIMERIE LECERF FILS

1912

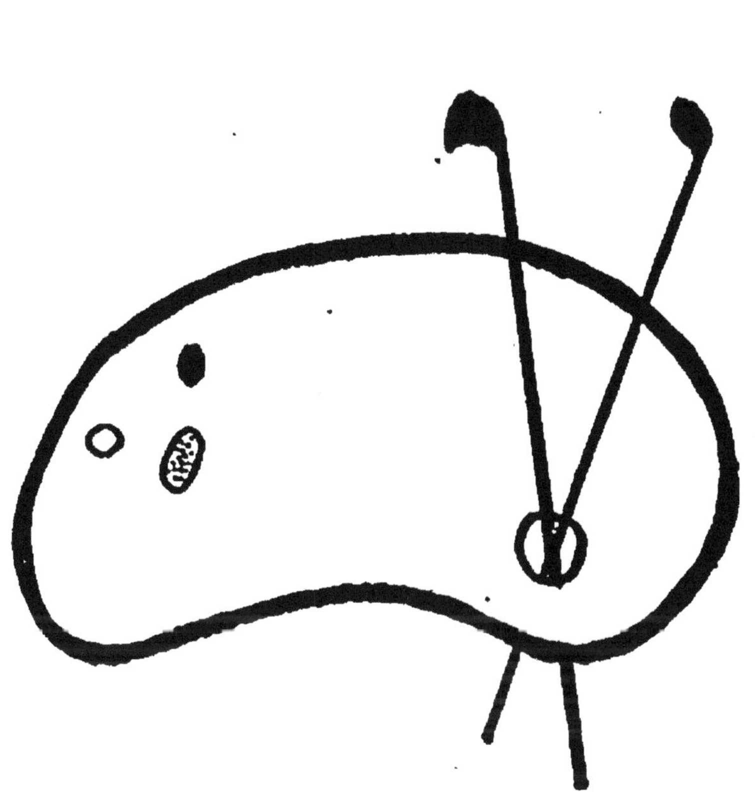

www.ingramcontent.com/pod-product-compliance
Ingram Content Group UK Ltd.
Pitfield, Milton Keynes, MK11 3LW, UK
UKHW021853190726
13855UKWH00001B/302

9 782013 380768